Zekeri Momoh

I volti della corruzione in Nigeria

Seconda edizione

ScienciaScripts

This book is a translation from the original published under ISBN 978-620-6-15144-9.

Publisher:
Sciencia Scripts
is a trademark of
Dodo Books Indian Ocean Ltd. and OmniScriptum S.R.L publishing group

120 High Road, East Finchley, London, N2 9ED, United Kingdom
Str. Armeneasca 28/1, office 1, Chisinau MD-2012, Republic of Moldova, Europe

ISBN: 978-620-7-00954-1

I VOLTI DELLA CORRUZIONE IN NIGERIA

Seconda edizione

DEDICA

Questo libro è dedicato alle seguenti personalità: il mio defunto fratello maggiore Aliyu Orobo Momoh, la mia amata madre, la defunta signora Abibatu Yakubu Momoh e il defunto signor Isah Isaiah Momoh, che hanno speso tutto quello che avevano per assicurarmi un'istruzione universitaria e la cui scomparsa ha lasciato un vuoto nel mio cuore. Inoltre, dedico questo libro ai nigeriani che hanno sofferto per una forma di corruzione o per l'altra e, infine, ai nigeriani che stanno consapevolmente lavorando per combattere la corruzione nel Paese.

RICONOSCIMENTI

Desidero ringraziare il Prof. Aremu Fatai del Dipartimento di Scienze Politiche dell'Università di Ilorin, Ilorin, Stato del Kwara, Nigeria, con il quale ho avuto diverse discussioni su questo libro prima che venisse pubblicato, e che ha dedicato del tempo a leggere la bozza iniziale del manoscritto, offrendo suggerimenti molto utili e scrivendo la prefazione di questo libro.

Il sostegno della signora Margaret Oyekan non sarà dimenticato in fretta, poiché i suoi contributi morali e intellettuali nel libro rimarranno per me un ricordo. Anche i miei amici e colleghi, tra cui Solomon John, Ata-Awaji Anthony Reuben, Emmanuel Chinanuife, Ele-Ojo Jeremiah Idoko, Nigeria, non saranno dimenticati in fretta.

Voglio approfittare di questa occasione per ringraziare la signora Vera Johnson, la signora Grace Ali Dayuru, il pastore Oko Igado e il pastore (signora) Mary Igado, che hanno discusso a lungo del libro e hanno offerto suggerimenti intellettuali molto utili, contribuendo notevolmente ad ampliare il mio orizzonte intellettuale.

Il sostegno morale dei miei amici, collaboratori e compagni che sono troppo numerosi per essere citati, ma in particolare Obidi, Joseph Anagba, Solomon John, Fagbamila, Akinwumi Samuel, Godfrey Igumbor e John Cephas Molwat mi sono stati utili nel corso della stesura di questo libro.

Desidero inoltre ringraziare i membri della mia famiglia, in particolare Usman Momoh, Yakubu J. Momoh, John Wambebe Momoh, Grace Momoh e Samuel Momoh per il loro sostegno morale. I miei figli Favour Momoh, Victor Momoh e Michael Momoh mi hanno aiutato a spronarmi a pubblicare la seconda edizione di questo libro.

Infine, permettetemi di ringraziare coloro che hanno contribuito in un modo o nell'altro al successo di questo libro e che non ho menzionato in questo libro, Dio vi benedica.

Indice dei contenuti

PREFAZIONE DELLA SECONDA EDIZIONE

I volti della corruzione in Nigeria forniscono un approccio sfumato a un tema molto delicato e intrattabile della politica nigeriana. Un'analisi superficiale dei media rivelerebbe che quasi nessuna edizione si conclude senza che le questioni relative alla corruzione entrino nelle sue raccolte, nella maggior parte dei casi, o nei titoli o almeno nelle prime pagine. Forse, un altro indicatore interessante della pervasività della corruzione nel tessuto sociale della società nigeriana potrebbe essere osservato in contesti sociali informali, dove, nell'ambito di affascinanti discussioni che spesso rendono tali incontri colorati e attraenti, i casi di corruzione vengono solo accostati al calcio. La rapida crescita della frequenza, della potenza e della diversità dei casi di corruzione ha superato i progetti intellettuali, legali e istituzionali che dovrebbero tenere a bada questo flagello a forma di idra.

Nonostante la promulgazione di leggi anti-frode e l'adesione alla Convenzione delle Nazioni Unite contro la corruzione (UNCAC), nonché la creazione di varie istituzioni specificamente incaricate di combattere la corruzione (come l'ICPC, l'EFCC, ecc.), la Nigeria sembra scivolare lungo un ripido pendio scivoloso nel mare della corruzione. Transparency International (TI), nonostante le presunte carenze della sua metodologia, classifica costantemente la Nigeria come uno dei Paesi più corrotti al mondo. La domanda allora è: perché la Nigeria si è classificata male nell'Indice di percezione della corruzione (CPI) nonostante i solidi meccanismi intellettuali, legali e istituzionali che sono stati progettati per tenerla a bada? Perché il fenomeno ha sfidato i rimedi? Come può la Nigeria superare questo malessere intrattabile? Queste sono alcune delle domande che Faces of Corruption in Nigeria ha esplorato, rendendolo una lettura interessante e utile per coloro che sono interessati a una Nigeria forte, prospera e pacifica.

Combinando solide basi teoriche con ricchi dati empirici tratti da una varietà di casi contemporanei, Zekeri Momoh porta alla ribalta idee provocatorie e prospettive incisive sul caleidoscopico panorama della corruzione. A livello metodologico, l'autore mescola l'innovazione con la convenzione attraverso l'introduzione dell'analisi del discorso e di metodologie interpretative che probabilmente i lettori troveranno interessanti. Lo studio rappresenta quindi un significativo contributo teorico, empirico e metodologico alla comprensione di un problema che riguarda tutti coloro che hanno a che fare con questo potenzialmente grande Paese, la Nigeria!

Aremu Fatai Ayinde PhD
Professore di Scienze Politiche,
Dipartimento di Scienze Politiche,
Università di Ilorin,
Ilorin, Nigeria.

PREFAZIONE DELLA PRIMA EDIZIONE

La minaccia della corruzione in Nigeria, e/o in qualsiasi altro Paese, è il fattore chiave da ritenere responsabile del lento o nullo sviluppo della società. Dall'indipendenza nel 1960 a oggi, è ovvio che la gravità, l'entità, la forma e la dimensione della corruzione in Nigeria sono aumentate e cambiate. Così, mentre la popolazione del Paese sta aumentando rapidamente (170 milioni di persone al 2012), anche l'incidenza della corruzione sta crescendo nella popolazione. Ma in termini relativi, la corruzione non è legata alle dimensioni di una popolazione, cioè se la popolazione è numerosa, allora la gente sperimenterà la corruzione. Si tratta piuttosto di una questione strutturale, che infetta tutti i sistemi, le istituzioni e le organizzazioni. In alcuni Paesi, più la popolazione è numerosa, minore è l'incidenza della corruzione, soprattutto quella su larga scala. Ciò significa che le pratiche di corruzione possono essere accettate, normalizzate e istituzionalizzate nel Paese e la loro gravità può essere facilmente stimata dagli alti costi delle transazioni ufficiali e non ufficiali (come la quantità di denaro, tempo, materiale e altre risorse spese o richieste). In effetti, la corruzione è molto corrosiva in tutte le sue ramificazioni, poiché erode la fiducia degli investitori nell'economia e quindi allontana gli investimenti diretti esteri e altre iniziative imprenditoriali locali.

La corruzione si manifesta a livello individuale, familiare, comunitario o nazionale; è personale, istituzionale e sistemica. Allo stesso modo, per liberare una società dalla corruzione, gli sforzi devono iniziare ed essere mirati a questi livelli. Che sia di natura grandiosa o meschina, la corruzione è un verme che uccide la morale e l'energia. Abilità, competenza, creatività e impegno per cause giuste. Una nazione afflitta dal cancro della corruzione non può sviluppare i suoi cittadini al massimo delle loro potenzialità. La corruzione, come la trasparenza e il buon governo, influisce su tutti gli aspetti dell'esistenza di una nazione: economia, società e politica. In particolare, le istituzioni e i processi educativi, sanitari, politici e sociali, se venissero tutti compromessi, produrrebbero risultati di gran lunga trascurabili rispetto agli obiettivi fissati sulla carta. Ad esempio, i risultati degli esami, la selezione e l'inserimento nel mondo del lavoro, il prezzo della sposa, i rapporti interpersonali quotidiani tra marito e moglie, le relazioni tra chierici e sacerdoti e tra seguaci e parrocchiani possono essere compromessi sull'altare della corruzione e della decadenza. I cittadini anziani vengono derubati dai loro pronipoti che dovrebbero vigilare sul loro benessere. Estorsione alla luce del sole, corruzione, frode con pagamento anticipato, plagio, racket delle ammissioni e dei certificati, abuso d'ufficio e di processo, adulterazione di merci, promozioni fraudolente, traffico di influenze, abuso

7

del mercato aperto/capitale, sindrome da contratto fallito, manipolazioni giudiziarie e amministrazione fallimentare della giustizia, abuso di dati, sono diventati volti e abiti normali dei cittadini che occupano posizioni nella società. Alla fine, tutto è in vendita - nomine, spose, contratti, incarichi, ecc - al miglior offerente. Questo è ciò che ci troviamo ad affrontare oggi in Nigeria; eppure ci sono migliaia di laureati che vagano per le case, le strade e i quartieri alla ricerca di posti di lavoro che sono stati chiusi a causa di un sistema educativo corrotto, di pratiche occupazionali scorrette, di assunzioni fraudolente e di molti altri stili nazionali discriminatori.

Quanto detto sopra fornisce il contesto all'interno del quale Zekeri Momoh ha realizzato questo importante contributo. Si tratta di un tentativo di descrivere la minaccia e la plaga a forma di idra conosciuta come corruzione in Nigeria. I giovani autori dovrebbero essere incoraggiati a essere in grado non solo di descrivere e scrivere dei malesseri che affliggono il loro futuro, ma anche di riconoscere che, come ogni altro, la corruzione è un mostro in crescita che deve essere combattuto. In un Paese corrotto anche le istituzioni create per combattere la minaccia si corrompono. Di conseguenza, le persone che gestiscono le istituzioni da un piano all'altro possono essere ipnotizzate da diverse forme di corruzione, con il risultato di avere più standard nel loro lavoro di lotta alla corruzione. In generale, non c'è un nascondiglio per le nuove generazioni che devono essere messe al riparo dai pericoli della corruzione. L'esposizione precoce a scorciatoie inadeguate o il superamento del processo non farebbero che allungare il sogno di una Nigeria migliore per tutti.

Professor Sam O. Smah,
Abuja-Nigeria.

PREFAZIONE

"Mi oppongo a un ordine sociale in cui è possibile per un uomo che non fa assolutamente nulla di utile accumulare una fortuna di centinaia di milioni di dollari, mentre milioni di uomini e donne che lavorano tutti i giorni della loro vita si assicurano a malapena il necessario per una misera esistenza".
-Eugene Victor Debs
"Perché essere liberi non significa semplicemente liberarsi dalle proprie catene, ma vivere in modo da rispettare e valorizzare la libertà degli altri".
- Nelson Mandela

La corruzione è un concetto multidimensionale che attraversa ogni aspetto della società umana. Tuttavia, oggi la corruzione ha ricevuto una condanna globale rispetto al passato, viste le sue implicazioni sullo sviluppo nazionale. Un aspetto patetico che ha influenzato la lotta alla corruzione è che, mentre in alcune società la corruzione è condannata, in altre è "celebrata" o "glorificata". Ciò può essere attribuito alle differenze culturali e al basso livello di consapevolezza delle sue implicazioni.

Il motivo che ha spinto alla stesura di questo libro è il crescente tasso di corruzione in Nigeria, tanto che difficilmente leggendo i quotidiani nazionali non vengono citati casi di corruzione di alto profilo. Oltre all'esistenza di agenzie anti-frode, tra cui la Commissione per i crimini economici e finanziari (EFCC) e la Commissione indipendente per le pratiche di corruzione e altri reati connessi (ICPC), istituite rispettivamente nel 2001 e nel 2003, sembra che sia stato fatto poco o nulla per affrontare il crescente tasso di casi di corruzione di alto profilo in Nigeria, ma i nigeriani non hanno paura o non si preoccupano dell'esistenza di queste agenzie anti-frode. La cosa peggiore è l'incapacità dei leader nigeriani di promulgare leggi anticorruzione più severe o di riformare quelle esistenti e di attuare politiche e programmi che affrontino i crescenti problemi posti dalla corruzione in Nigeria.

Tuttavia, la corruzione in Nigeria è attribuita all'incapacità dei leader nigeriani di agire sulla base dei principi fondamentali che tutelano la condotta e le relazioni umane, ma recentemente è associata ad alcune attività che minacciano di sovvertire l'integrità delle cariche pubbliche, come tangenti, contributi politici impropri, corruzione, frode, frode, furto, tra le altre cose.

La corruzione prospera più in un sistema che la consente che in un sistema che non la favorisce. "Dove la tentazione incontra il permissivismo, la corruzione attecchisce su larga scala. Ciò può essere attribuito alla debolezza delle istituzioni amministrative e politiche, alla bassa scala retributiva e alla tentazione dei funzionari di "integrare" il proprio reddito; nei sistemi dittatoriali, invece, le istituzioni amministrative e politiche non sono altro che un'estensione delle pratiche corruttive dell'usurpatore" (www.transparencyinternational.org).

Faces of Corruption in Nigeria è un libro che esplora la corruzione, traccia il background della corruzione in Nigeria, identifica le principali pratiche di corruzione in Nigeria, le sue cause, l'arena della corruzione politica, le risposte del governo alla corruzione, le sfide della lotta alla corruzione, i fattori che promuovono e sostengono la corruzione, le sue implicazioni e fornisce meccanismi utili per arginare la corruzione in Nigeria utilizzando una serie di teorie/prospettive come la prospettiva istituzionale, la prospettiva dell'economia politica, la teoria dell'élite e la prospettiva psicologica-sociale con esempi e casi empirici.

Tuttavia, l'istituzione delle agenzie anti-frode, ovvero la Commissione per i crimini economici e finanziari (EFCC) e la Commissione indipendente per le pratiche di corruzione e altri reati correlati (ICPC), è un passo nella giusta direzione, ma le agenzie anti-frode devono essere potenziate e deve essere istituito un tribunale speciale per giudicare i casi di corruzione, indipendentemente dai tribunali tradizionali in Nigeria.

Questo libro è utile ai membri dell'Assemblea nazionale, delle Camere statali, della magistratura, ai membri del Consiglio esecutivo a livello federale e statale, ai partner internazionali per lo sviluppo che sostengono gli sforzi anticorruzione del governo nigeriano, ai ricercatori, agli studenti delle università, dei politecnici, dei college, al personale delle organizzazioni aziendali, agli studiosi che sono interessati a capire che cosa costituisce la corruzione, le sue dimensioni, le sue implicazioni, le risposte del governo, le sfide e le strategie di lotta alla corruzione in Nigeria e come ha influito sullo sviluppo socio-economico e politico della Nigeria.

Infine, mi assumo la responsabilità di qualsiasi errore presente in questo libro. Inoltre, sarò lieto di accettare qualsiasi critica costruttiva su questo libro, che prometto di migliorare nella prossima edizione.

Zekeri Momoh,
Dipartimento di Scienze Politiche e Diplomazia,
Università Veritas, Abuja
Nigeria.
+2348031311717
momohzekeri@gmail.com
Marzo 2023

CAPITOLO UNO

CHE COS'È LA CORRUZIONE?

"Chi salva il suo paese, salva se stesso, salva tutte le cose e tutte le cose salvate lo benedicono! Chi lascia morire il suo paese, lascia morire tutte le cose, muore lui stesso ignorabile e tutte le cose che muoiono lo maledicono".
- Senatore Bejamin H. Hill Jr. 1893
"Un uomo irresponsabile sarà responsabile solo quando la sua irresponsabilità diventerà responsabile della sua irresponsabilità".

Introduzione

Questo capitolo passa in rassegna le varie definizioni di corruzione presenti in letteratura con l'obiettivo di individuare le somiglianze tra i punti di vista degli studiosi. Il capitolo si propone quindi di mettere a confronto le definizioni di corruzione degli studiosi e di fornire alla fine una definizione operativa che comprenda i vari aspetti della corruzione.

COMPRENDERE IL SIGNIFICATO DI CORRUZIONE

Il concetto di "corruzione" è contestato sia dal punto di vista teorico che politico ed è intrinsecamente complesso e ambiguo nella letteratura delle scienze sociali. Si verifica a ogni livello della società umana, come a livello individuale, familiare, comunitario o nazionale. Come concetto è diventato quello che Sachs (1992:4) descrive come "un concetto simile a un'ameba, informe ma inarrestabile, che si diffonde ovunque perché rappresenta le migliori intenzioni che creano la piattaforma per le élite di destra e di sinistra e per la base per combattere le loro battaglie".

Inoltre, le dimensioni della corruzione in epoca contemporanea sono estremamente vaste e comprendono l'aspetto economico, politico, sociale, legale, istituzionale/burocratico, religioso, ecc. Pertanto, la natura vasta del concetto di corruzione nella letteratura ha suscitato un dibattito tra gli studiosi. Oggi non esiste una definizione universalmente accettabile di corruzione nel mondo. Pertanto, non può esistere una definizione fissa e definitiva di corruzione, ma gli studiosi hanno solo suggerito cosa dovrebbe significare la corruzione in un particolare contesto.

La parola "corruzione" deriva dal latino "Corruptus" che significa "distruggere". Il termine corruzione è incerto e privo di una definizione univoca, tutto dipende da chi lo definisce, da quale prospettiva e per quale scopo (Musa, 1991). La divergenza di opinioni sulla corruzione ha reso quasi impossibile per gli studiosi concordare su un particolare significato del concetto di corruzione. Tanzi (1998) sostiene che la corruzione può non essere facile da definire, ma le diverse prospettive attraverso le quali viene vista hanno comunque un denominatore comune: essa rappresenta un male a scapito del benessere pubblico (citato in Fagbadebo, 2007). La corruzione come concetto è negli occhi di chi guarda e come concetto nelle scienze sociali non ha una definizione universalmente accettata. Utilizzando questa analogia, la corruzione è come un "Elefante" e può essere vista da diversi lati, alcuni da davanti, altri da dietro. Ciò significa che ogni spettatore dell'"Elefante" (la corruzione) lo valuterà dal proprio punto di vista. Soprattutto, questi punti di vista sono orientati a descrivere o spiegare la natura dell'"Elefante" (la corruzione). Pertanto, nel concettualizzare la corruzione, gli studiosi tendono a vedere la corruzione dalla loro prospettiva, che è orientata a spiegare o descrivere il concetto di corruzione.

Il NAVC Anti-corruption Manual & Training Guide afferma che "La parola "corruzione" significa qualcosa di "rovinato", qualcosa che è stato spinto fuori rotta in una forma peggiore o inferiore, un allontanamento avverso da un percorso previsto. Se applicata alle relazioni umane, la corruzione è una cattiva influenza, un'iniezione di marciume o decadenza, un declino della condotta morale e dell'integrità personale attribuibile alla disonestà. Quando si applica alle cariche pubbliche, piuttosto che riferirsi all'allontanamento dagli standard ideali o anche generalmente attesi del comportamento del titolare, la prassi è stata quella di indicare specifici atti di cattiva condotta che portano disonore alle cariche pubbliche e rendono i colpevoli inadatti a rimanervi".

La corruzione abbonda in quasi tutte le società, compresa la Nigeria. Alcune aree in cui la corruzione abbonda sono state identificate nel Manuale e nella Guida alla formazione anticorruzione del NAVC:

a.   Richiesta e ottenimento di alcune percentuali degli importi dei contratti, di solito il 10% dei contratti assegnati da un funzionario pubblico che agisce per conto del governo. Questa percentuale viene normalmente versata in natura o in contanti sul conto del beneficiario. Nella maggior parte dei casi questi beneficiari spesso frodano il governo, poiché gli appaltatori spesso gonfiano il costo del contratto con le percentuali richieste dai funzionari.

b. Truffa con inganno (419) o truffa delle commissioni anticipate

c. Impiego e collocamento di persone meno qualificate che offrono gratificazioni o promesse di esse.

d. Molestie sessuali

e. Sfruttamento ingiustificato

f. Appropriazione indebita di fondi

12

g. Razzismo certificato

h. Commercializzazione e distribuzione di farmaci e beni di consumo falsi, contraffatti e scaduti.

i. Prezzi di vendita non equi

j. ricerca dell'oro

k. Abuso del giusto processo

I. Influenza indebita

m. Favoritismo e nepotismo.

n. Razzismo di ammissione

o. Corruzione

p. Lobbismo

q. Favoreggiamento del crimine

Musa (1991) sostiene che "ciò che è certo è che la corruzione è voluta e inseparabile dal potere". Questo perché il potere stesso ha varie forme: economica, normativa, politica, ecc. Da questa affermazione, gli esseri umani cercano il potere, come osservato da Thomas Hobbes; la ricchezza è una forma di potere. Hobbes ha aggiunto che "la vita non è altro che una ricerca incessante del potere" che, nella maggior parte dei casi, porta alla corruzione. Inoltre, secondo alcuni, la corruzione è l'atto consapevole e ben pianificato da parte di una persona o di un gruppo di persone di appropriarsi con mezzi illeciti della ricchezza di un'altra persona o di un gruppo di persone. La corruzione è concepita come un atto deliberato organizzato da una persona o da un gruppo di persone che è illecito al fine di usurpare la ricchezza di un'altra persona o di un gruppo di individui.

Per altri, è l'atto di trasformare il potere e l'autorità in denaro contante. In questo contesto, la corruzione è equiparata all'uso della carica pubblica per ottenere un guadagno economico; per estensione, la corruzione è vista in questo contesto come quando coloro che ricoprono una carica pubblica accettano denaro contante per svolgere le loro funzioni, specialmente a coloro che sono disposti a pagare. Smith (1991) ha definito la corruzione come "il dirottamento di risorse dal miglioramento della comunità al guadagno di singoli individui a spese della comunità", ovvero quando i funzionari pubblici usano le risorse (che possono essere finanziarie o materiali) destinate allo sviluppo della comunità per i loro interessi egoistici a scapito della comunità. Questa definizione vede la corruzione dal punto di vista dei funzionari pubblici che relegano in secondo piano il benessere di coloro che non sono al timone della comunità.

Ciroma (1991) ha definito la corruzione come comprendente non solo la corruzione o il

13

saccheggio del tesoro, ma anche la deliberata piegatura del sistema per favorire gli amici o danneggiare i nemici, qualsiasi comportamento scorretto, la deviazione o la perversione del sistema, o l'inganno dei nigeriani o la fornitura di informazioni errate o distorte su cose che dovrebbero conoscere e.t.c. La corruzione va oltre la corruzione o il saccheggio del tesoro, fino alla perversione del sistema e all'atto di oscurantismo. Il Programma delle Nazioni Unite per lo Sviluppo (UNDP:1999) definisce la corruzione come "l'abuso di potere pubblico, ufficio o autorità, per un vantaggio privato attraverso la corruzione, l'estorsione, l'influenza, il mercimonio, il nepotismo, la frode, il denaro veloce o l'appropriazione indebita". Da questa definizione, la corruzione può essere vista come l'abuso di un ufficio pubblico, di un potere o di un'autorità per un guadagno o un vantaggio personale".

Il dizionario inglese della BBC definisce la corruzione come "comportamento disonesto e illegale da parte di persone in posizione di autorità o potere". In questo contesto, la corruzione è vista come l'imprudenza della classe politica o di coloro che occupano cariche pubbliche. Il Chambers 20th Century Dictionary definisce la corruzione come "rendere putrido, macchiare, svilire, rovinare, distruggere la purezza, impedire, corrompere ecc. questa definizione identifica alcuni atti considerati corruzione". Il dizionario inglese Hugo definisce la corruzione come qualcosa che è "marcio, putrido, depravato, corruttibile e non genuino". Ciò significa che la corruzione è caratterizzata da qualcosa di moralmente cattivo.

Brook (2010) ha definito la corruzione come "la cattiva esecuzione o la negligenza di un dovere riconosciuto o l'esercizio ingiustificato del potere, con il motivo di ottenere qualche vantaggio, più o meno personale". Joda (2010) osserva che la corruzione non riguarda solo il furto o l'estorsione di denaro e proprietà da parte dei leader, come comunemente noto, ma include qualsiasi forma di comportamento che si discosta dall'etica, dalla moralità, dalla tradizione, dalla legge e dalle virtù civili da parte di qualsiasi individuo o gruppo, indipendentemente dal loro status nella società. Che si tratti di un funzionario pubblico, di uno studente, di un politico, di un falegname, di un autista, di un generale dell'esercito o della moglie di un Presidente o di un Governatore, quando le vostre azioni vanno contro le norme e i regolamenti fondamentali, siete coinvolti nella corruzione". Se mangiate una banana e ne gettate la buccia per strada, o usate il bagno del vostro ufficio o della vostra scuola senza tirare lo sciacquone, siete colpevoli di corruzione. Se non riuscite a svolgere i vostri incarichi ufficiali con diligenza o eseguite un contratto utilizzando prodotti scadenti, allora siete un cittadino corrotto. La corruzione riguarda sia il settore pubblico che quello privato. È anche qualsiasi atto che si discosta dagli standard accettabili da parte di individui o gruppi di individui, indipendentemente dal loro status sociale o dalla loro posizione nella società.

La corruzione è un concetto generale che descrive qualsiasi sistema organizzato e interdipendente in cui una parte del sistema non svolge le mansioni a cui era originariamente destinata, oppure le svolge in modo improprio a scapito dello scopo originario del sistema. È opportuno notare, tuttavia, che i sistemi sono gestiti e controllati da individui. Come tale, i ruoli degli individui che gestiscono e controllano questi sistemi sono importanti. Chorl (2010) ha definito la corruzione come "l'induzione di qualcuno o di un gruppo di persone, tramite doni monetari o altre ricompense, ad agire o a permettere di agire". Ha aggiunto che sia chi dà che chi riceve sono corrotti. Corruzione può significare gratificazione, che è un aspetto della corruzione". Inoltre, la corruzione va oltre i doni monetari e include qualsiasi cosa che possa invogliare qualcuno a non svolgere i propri doveri o a fare ciò che dovrebbe.

Nye (1967) definisce la corruzione come "deviazione dai doveri formali del ruolo pubblico per un guadagno privato". Questa definizione è importante perché tira in ballo pratiche di non conformità a regole e procedure interne in cui può mancare l'intento doloso. Adegbite (1991) ha affermato che la corruzione "denota deterioramento morale, depravazione, perversione dell'integrità attraverso la corruzione o il favore" e ha aggiunto che, nella sua accezione più ampia, la corruzione connota la perversione di qualsiasi cosa da uno stato originario di purezza, una sorta di inflazione della corruzione, che può significare una deviazione da ciò che dovrebbe essere o da ciò che ci si aspetta nella società. Di conseguenza, se c'è una deviazione dallo standard accettabile in una società, si parla di corruzione. Adegbite, inoltre, osserva che la corruzione, "nel suo senso più concreto, significa: agire o indurre un atto con l'intento di assicurare impropriamente un vantaggio a se stessi o a un'altra persona".

Okunola (1991) definisce la corruzione come "la somma totale di tutte le pratiche immorali, depravate e disoneste, compresi tutti i crimini economici". Ha aggiunto che la corruzione è alla base dei crimini economici. È la motivazione, il catalizzatore stesso dei crimini. Anche se i crimini economici e altri crimini correlati sono spesso interconnessi, più spesso uno porta all'altro. Bello (1991) ritiene che la corruzione rappresenti quell'aspetto del comportamento umano che è considerato odioso, meschino, degradante, odioso e offensivo per le norme più elevate di qualsiasi società umana rispettabile. La corruzione è un male e non dovrebbe essere tollerata in nessuna società.

Hornsby (2000) ha osservato che "corrotto" è un aggettivo che si riferisce alle persone e alle loro azioni. È definito come immorale; depravato; disonesto (specialmente attraverso l'accettazione di tangenti)", mentre "pratiche corrotte" è definito, tra l'altro, come "l'offerta e l'accettazione di tangenti". Corrompere è "rendere o diventare corrotto", mentre corruzione è "corrompere o essere corrotti". La corruzione è il processo di corruzione o di essere corrotti. Gambo (1991) definisce la corruzione come "la perversione dell'ufficio pubblico per un vantaggio privato". La corruzione comprende la corruzione o l'uso di ricompense non autorizzate per influenzare le persone in posizione di autorità, affinché agiscano o rifiutino di agire in modo da favorire i vantaggi privati di chi li dà e spesso anche di chi li riceve, l'appropriazione indebita di fondi e risorse pubbliche per guadagni privati, le relazioni di parentela o le associazioni etniche nell'esercizio della funzione pubblica o l'uso improprio dell'influenza per indurre un proprio subordinato a compiere azioni non autorizzate in grado di accrescere lo status o il vantaggio pecuniario della parte potente. Ha aggiunto che la corruzione è il dirottamento forzato in mani private di ricchezze materiali destinate ad altri scopi benefici, con conseguente privazione e impoverimento della maggioranza della popolazione, a vantaggio di pochi. La corruzione implica l'induzione, l'uso non autorizzato delle risorse e dell'autorità a proprio vantaggio e a scapito del popolo; porta alla privazione e all'impoverimento.

Lapalombara (1974) osserva che "spesso associamo la corruzione allo scambio di denaro o di oggetti come i cappotti di vigogna, regalati ai consiglieri presidenziali americani, come avvenne durante l'amministrazione di Eisenhower. Piuttosto la vendita o la fornitura di eroina da parte dei dipartimenti di polizia! Si presume che corrompere un funzionario significhi pagarlo perché faccia o si astenga dal fare qualcosa nella sua veste ufficiale". Lapalombara afferma giustamente che "le culture hanno parole, alcune delle quali piuttosto colorite, per descrivere tali pratiche. In Asia si paga "baksheesh", mentre in Italia ci si passa "la bustarella", le piccole buste, attraverso o sotto il tavolo. Nei Paesi di lingua spagnola si parla di "La mordida", letteralmente il "morso" che i funzionari pubblici prendono in cambio di favori. In India questi pagamenti sono chiamati "speed money", in Africa "dash". L'inglese è ricco di espressioni come five per center, payola, influence peddler, graft, grease, rake off, bribery e kickback, per indicare varie forme di corruzione politica".

Lopalombara (1974) interpreta la corruzione in senso sociologico come l'esercizio corrotto di un potere derivato sulla base dell'autorità inerente a tale potere, o sulla base di una competenza formale, a scapito degli obiettivi del potere originario e a vantaggio di estranei con la scusa di un esercizio legittimo del potere". In questo contesto sociologico, la corruzione è l'abuso di potere basato sull'autorità di un individuo di agire in contrasto con l'uso originario di tale potere. Ciò potrebbe significare l'uso illegittimo del potere. Definisce inoltre la corruzione come "un comportamento che devia dai doveri formali di un ruolo pubblico a causa di guadagni di ricchezza o di status di natura privata (personale, di parenti stretti, di cricche private) o che viola le regole che impediscono l'esercizio di certi tipi di influenza di natura privata". Aggiunge poi che la corruzione è un comportamento del funzionario pubblico che si discosta dalle forme accettate per servire fini privati. In questo modo definisce la corruzione come qualsiasi comportamento che nega le norme accettate di qualsiasi società e che è orientato o mirato al raggiungimento di interessi egoistici.

Transparency International (TI) (2012) definisce operativamente la corruzione come l'abuso del potere affidato a fini di guadagno privato. Inoltre, distingue tra corruzione "secondo le regole" e corruzione "contro le regole". I pagamenti agevolati, in cui si paga una tangente per ricevere un trattamento preferenziale per qualcosa che il corruttore ricevuto è tenuto a fare per legge, costituiscono la prima. La seconda, invece, è una tangente pagata per ottenere servizi. Questa definizione di corruzione ci dà un'idea delle pratiche di corruzione che sono "secondo regola".

Anche in questo caso, la corruzione è definita dalla Banca Mondiale (2006) come l'abuso di potere pubblico a fini privati. La corruzione si presenta sotto diverse forme: la corruzione, l'appropriazione indebita di beni pubblici, il nepotismo (favorire i membri della famiglia per ottenere posti di lavoro e contratti) e l'influenza sulla formulazione di leggi o regolamenti per ottenere vantaggi privati sono esempi comuni di atti illeciti o comportamenti scorretti. Corruzione significa distruzione, rovina o deterioramento di una nazione. La corruzione smette di dare valore all'integrità, alla virtù o ai principi morali. Cambia in peggio, perché una società del genere inizia a decadere e si trova sulla strada dell'autodistruzione. (www.thegeminige.com).

Corruzione (1) Condotta disonesta o fraudolenta da parte di chi detiene il potere, in genere con corruzione (2) L'azione di rendere qualcuno o qualcosa moralmente depravato o lo stato di esserlo. Corruzione è (a) Atto di svilimento o stato di svilimento (b) Perversione morale (c) Perversione dell'integrità (d) Procedimenti corrotti o disonesti (e) Atto o pratica di dare o accettare una tangente (f) Svilimento o alterazione, come del linguaggio, di un testo o di una parola (g) Decadimento marcio (h) Qualsiasi influenza svilente

(www.dictionary.com)

L'Ufficio delle Nazioni Unite contro la droga e i crimini (UNODC: 2009) considera la corruzione come un complesso fenomeno sociale, politico ed economico che colpisce tutti i Paesi. La corruzione è composta da varie parti interconnesse, che possono essere sociali, politiche ed economiche, e a sua volta colpisce tutte le società o i Paesi. Mohammed (1991) dice questo sulla corruzione: "Così, mentre un uomo che prende o dà tangenti è corrotto, lo è anche chiunque neghi a qualcun altro i suoi diritti perché non proviene dalla stessa area di governo locale o dallo stesso gruppo etnico di quella persona". La corruzione è vista come qualsiasi atto di corruzione e, per estensione, qualsiasi atto di depravazione.

Chukkol (2009) definisce la corruzione come "l'abuso del potere affidato per un vantaggio privato". Aggiunge che è anche descritta come "l'abuso di ufficio pubblico". Inoltre, aggiunge che la corruzione è un termine ampio che comprende molti atti illeciti compiuti da funzionari pubblici o privati per arricchire se stessi o altri parenti, amici o associati. Comprende l'appropriazione indebita, l'appropriazione indebita o altre distrazioni da parte di un pubblico ufficiale in relazione ai suoi doveri e a favore o contro la proprietà pubblica o privata. La visione di Chukkol della corruzione comprende molti atti illeciti da parte di funzionari pubblici o privati e questo ci dà una concezione ampia della corruzione, poiché questa definizione copre tutti gli aspetti della società.

La legge della Commissione per i crimini economici e finanziari (EFCC) del 2004, nella sezione 41, offre un'altra definizione di corruzione. La legge definisce i crimini economici e finanziari come "qualsiasi forma di frode, riciclaggio di denaro, appropriazione indebita, corruzione, saccheggio e qualsiasi forma di pratica corruttiva sono aspetti dei crimini economici e finanziari". Pertanto, la corruzione è un reato punibile anche ai sensi dell'EFCC Act. Chukkal, (2009). È importante notare che la definizione fornita dall'Economic and Financial Crimes Commission (EFCC) Act 2004 si concentra sulla corruzione economica/commerciale o finanziaria, relegando così in secondo piano altre forme di corruzione come quella politica, amministrativa/professionale o burocratica organizzata, sistemica e altre forme di pratiche corruttive.

La sezione 2 dell'ICPC Act 2000 definisce il termine "corruzione" per includere la corruzione, la frode e altri reati correlati. La sezione 2 dell'ICPC Act del 2000, tuttavia, non definisce il significato di "corruzione" o "frode". La definizione è stata giustamente osservata da Chukkol (2009) che fornisce un altro termine importante per la comprensione della corruzione in Nigeria. Johnson (1991) osserva che alcuni descrivono

18

la corruzione come un atto di rubare, imbrogliare, dire bugie; tuttavia, diverse persone hanno visioni diverse della corruzione. Afferma inoltre che una persona è considerata corrotta se si assicura un vantaggio materiale, direttamente o indirettamente, per sé, per la sua famiglia o per i suoi amici, o un pubblico ufficiale che è indotto ad agire diversamente da quanto richiesto dal suo dovere o a compiere il suo dovere quando non lo farebbe. Ha inoltre sottolineato che sono state date diverse definizioni della corruzione e difficilmente se ne può trovare una completa. Questo perché la corruzione è sfaccettata, con numerose forme e dimensioni. Conclude dicendo che in Nigeria, secondo alcuni, la corruzione è diventata una "convenzione", "una tradizione", "un bisogno psicologico", "una necessità", uno stile di vita, una pratica regolare sia nelle transazioni commerciali che in quelle ideali e nell'assegnazione degli appalti: il vecchio dieci per cento.

Adekoya, (1991) ha osservato che ciò che non è accettato dalla gente può essere definito corruzione. La corruzione in ambito pubblico svaluta alcuni principi, solitamente di verità e correttezza, a cui la gente tiene molto. Aggiunge che il tribalismo, la corruzione e il nepotismo, l'influenza indebita e le pressioni sono solitamente forme di corruzione. Pertanto, qualsiasi atto non basato sulla verità e sull'equità, accettato dalla gente, può essere definito corruzione.

L'Oxford Concise Dictionary of Politics (2003) afferma che "la corruzione si verifica quando un funzionario trasferisce un beneficio a un pagamento illegale (la tangente). Accettando la tangente, il funzionario infrange la promessa legalmente vincolante fatta al suo "committente" (di solito l'amministrazione statale o un'azienda privata) di assegnare il beneficio a chi ne ha diritto. La corruzione non è né una proprietà di un sistema sociale o di un'istituzione, né un tratto del carattere di un individuo, ma piuttosto uno scambio illegale" Oggi gli studiosi hanno abbandonato la visione classica della corruzione come degrado del senso etico di un individuo, o mancanza di integrità morale. Considerando la diversità della cultura umana a livello globale, nella maggior parte dei casi è diventato difficile descrivere come corrotto un atto che potrebbe non esserlo in un'altra società. Ciò fa sì che diversi studiosi e scrittori definiscano o descrivano qualsiasi atto di corruzione in base a ciò che viene percepito come un atto prevalentemente considerato corrotto o immorale da considerare nella definizione di corruzione. Oluwashakin, & Aleyomi, (2014) sostengono che "ciò che è legale può non essere sempre considerato nella società come morale e legittimo e ciò che è illegale come immorale e illegittimo. Ci sono modi di agire che la gente considera ampiamente corrotti ma che non sono considerati tali dalla legge, mentre altri che sono legalmente corrotti possono essere riconosciuti come moralmente legittimi".

Andvig (2008) sostiene che un'interpretazione più ragionevole sarebbe quella di lasciare che la formulazione copra gravi atti di corruzione ed estorsione nel suo nucleo e, a seconda del contesto, includa vari tipi di attività di interesse privato ai margini. Rose-Ackerman (1978) definisce la corruzione come: Un atto che è commercialmente corrotto se un membro di un'organizzazione usa la sua posizione, i suoi diritti decisionali, il suo accesso alle informazioni o altre risorse dell'organizzazione a vantaggio di una terza parte e riceve così denaro o altri beni o servizi di valore economico quando il pagamento stesso o i servizi forniti sono illegali e/o contrari agli obiettivi o alle regole dell'organizzazione. Se l'atto è motivato principalmente dai valori immateriali ricevuti, è dato dal membro che serve gli interessi di amici o della famiglia o delle reti di amicizia familiare, si tratta di un atto di corruzione relazionale. Un atto rappresenta un'appropriazione indebita se un membro di un'organizzazione utilizza i suoi diritti decisionali, il suo tempo di lavoro, il suo accesso alle informazioni o alcuni beni materiali dell'organizzazione a proprio vantaggio economico, o a vantaggio di altri membri dell'organizzazione, in modi che sono illegali o contrari agli obiettivi o alle regole dell'organizzazione stessa. L'appropriazione indebita può anche essere motivata dal desiderio di influenzare la posizione dell'individuo nelle reti di amicizia familiare. Le forme corrotte di estorsione sono atti predatori in cui un agente usa la sua posizione in un'organizzazione per mezzo di minacce per ottenere trasferimenti involontari di risorse da individui esterni all'organizzazione contro gli interessi dell'organizzazione stessa. La corruzione in senso lato comprende tutte queste forme di attività (cit. in Andvig, 2008).

Andvig (2008) ha osservato che la definizione si concentra sugli atti compiuti dai membri di un'organizzazione che lavorano contro gli interessi diretti dell'organizzazione stessa. Alatas et al. (2006), definiscono la corruzione come una "situazione in cui due persone possono agire per aumentare il proprio guadagno a spese di una terza persona". Ciò non significa, tuttavia, che un singolo individuo non possa perpetrare l'atto. Il punto è che, il più delle volte, ci vogliono almeno due persone per perfezionare un atto probabilmente concepito da un singolo (citato in Andvig, 2008).

Gray e Kaufmann (1998) definiscono gli atti di corruzione come "corruzione e concussione, che coinvolgono necessariamente almeno due parti, e altri illeciti che un funzionario pubblico può compiere da solo, tra cui frode e appropriazione indebita". Per loro, essa si manifesta nelle attività governative attraverso "l'appropriazione di beni pubblici per uso privato e l'appropriazione indebita di fondi pubblici da parte di politici e funzionari di alto livello". Il problema è il "fallimento" degli apparati pubblici basati su regole impersonali. Sebbene le regole organizzative siano raramente seguite completamente, la maggior parte degli Stati non è nemmeno un villaggio Potemkin. Alcune regole mordono e si manifestano nelle azioni dei loro agenti. In questo caso dobbiamo distinguere tra le diverse forme di corruzione, in quanto saranno collegate alla probabilità di scoppio di conflitti violenti in modi diversi. Mentre il legame tra corruzione commerciale e conflitti appare piuttosto indiretto e circoscritto, l'entità della corruzione basata sulle relazioni e la facilità di creare gruppi violenti in competizione (con il governo ufficiale) sono probabilmente più diretti (citato in Andvig, 2008).

Johnston (2000) definisce "la corruzione come l'abuso di ruoli o risorse pubbliche a vantaggio di privati, riconoscendo che termini come "abuso", "pubblico", "privato" e persino "vantaggio" possono essere oggetto di notevoli controversie". Egli sostiene che "la mancanza di consenso sulla distinzione operativa tra "pubblico" e "privato", ad esempio, può essere un utile indicatore delle debolezze delle istituzioni. La corruzione è una forma di furto (Ojo 2007:108). Ciò implica che il furto stesso è una parola ombrello di cui la corruzione è un aspetto. Sebbene il Presidente Jonathan sostenga che la corruzione "non è un furto", è perché i nigeriani medi che risiedono nel villaggio non intendono la corruzione come "furto", tuttavia ciò che è importante in questo caso è che sia la corruzione che il furto implicano l'appropriazione di qualcosa che non appartiene a qualcuno o l'appropriazione di beni pubblici per uso personale.

Lawal e Tobi (2006) come il tentativo consapevole o la deliberata deviazione di risorse dal soddisfacimento dell'interesse generale a quello dell' interesse egoistico (personale o particolare). Hanno aggiunto che il disprezzo per la corruzione è chiaramente sentito soprattutto sul piano della moralità. Non c'è dubbio che essa infligga alcuni tipi di effetti negativi a qualsiasi società in cui esiste e che persista fino a quando tale società non venga epurata dalla sua immoralità. OJaide (2000) afferma che la corruzione è "qualsiasi vizio sistemico in un individuo, in una società o in una nazione che riflette favoritismi, nepotismo, tribalismo, sezionalismo, arricchimento indebito, accumulo di ricchezze, abuso di ufficio, potere, posizione e derivazione di guadagni e benefici indebiti - include anche la corruzione, contrabbando, frode, pagamenti illegali, riciclaggio di denaro, traffico di droga, falsificazione di documenti e registri, messa in vetrina, false dichiarazioni, evasione, sottosviluppo, inganno, falsificazione, occultamento, favoreggiamento di qualsiasi tipo a danno di un'altra persona, comunità, società o nazione".

21

Alcuni denominatori comuni alla maggior parte delle definizioni analizzate sono: la corruzione è un fenomeno globale, cioè nessuna società è esente dalla corruzione, è multidimensionale, non ha una definizione universalmente accettata, piuttosto è definita in base alla prospettiva individuale, è antica come l'uomo, il suo grado varia da società a società, ha luogo nel settore pubblico e privato, comporta qualsiasi atto di privazione, i suoi effetti/implicazioni sono dannosi per la società umana.

Pertanto, la corruzione è una delle seguenti espressioni: Qualsiasi atto di immoralità, malvagità/rottura, atti contrari a norme e valori universalmente accettabili, violazione di norme e regolamenti accettabili, atti in grado di mettere in pericolo o danneggiare gli altri, atti di pervadere il sistema a proprio vantaggio, atti di indisciplina nella società, atti di irresponsabilità verso la società, l'organizzazione o l'istituzione, atti in grado di distruggere la società; che si tratti di sabotaggio, terrorismo, malcostume di ogni genere, vandalismo, rapimento, ecc., atti di antipatriottismo e di mancanza di rispetto per le istituzioni dello Stato e le autorità costituite, atti che favoriscono atti criminali, atti che gonfiano o riducono la cifra o l'importo di qualsiasi cosa, e qualsiasi atto di privazione.

Nel complesso, adotteremo la definizione di corruzione in quanto questa definizione è onnicomprensiva in quanto cattura le varie forme di corruzione. Momoh (2015) considera la corruzione come qualsiasi atto da parte di una persona o di un gruppo di persone che priva una persona o un gruppo di persone del beneficio o dell'accesso al bene collettivo di un'associazione, un'organizzazione, una comunità, una società o un Paese. In breve, corruzione significa privare gli altri a proprio vantaggio senza badare alle conseguenze di tale azione o inazione.

CAPITOLO DUE

QUESTIONI DI FONDO SULLA CORRUZIONE IN NIGERIA

"Nessuna società umana è priva di corruzione, perché la corruzione è antica quanto l'umanità".
"Ogni violazione della verità è una pugnalata alla salute della società umana".
- Ralph Waldo Emerson

INTRODUZIONE

In questo capitolo viene presentata una panoramica della diffusione del regime in Nigeria dal 1960 a oggi. Questo perché la corruzione ha un lungo sviluppo storico in Nigeria. Sebbene sia indispensabile risalire all'epoca precoloniale, questo capitolo si occuperà della corruzione a partire dall'epoca coloniale, perché la corruzione si è esacerbata durante quest'epoca e si è istituzionalizzata durante l'epoca post-coloniale in Nigeria.

EVOLUZIONE DELLA CORRUZIONE IN NIGERIA

Negli ultimi tempi, la corruzione è una cultura che si riversa in tutti gli aspetti della nostra vita. Non è ugualmente pervasiva ovunque; questo perché il suo grado o intensità varia da una società all'altra, il che può essere attribuito al modo in cui i casi di corruzione vengono gestiti. Tuttavia, la corruzione in Nigeria, come osservato da Jodo (2009), ha origini coloniali. Invariabilmente, può essere fatta risalire all'epoca della colonizzazione della Nigeria da parte degli inglesi, tra il XIX e il XX secolo. Durante questo periodo, la Nigeria è stata colonizzata politicamente, economicamente e socio-culturalmente. Durante questo periodo di colonizzazione, gli inglesi infusero nei nigeriani uno stile di vita ostentato.

Durante l'epoca coloniale, i leader nigeriani (tradizionali e politici) sono stati corrotti al fine di impegnarsi e facilitare il commercio degli schiavi. Questo atto di corruzione ha esposto i leader nigeriani e africani in generale a uno stile di vita ostentato, che ha reso imperativo per le comunità indulgere in pratiche di corruzione. Ciò ha dato origine a tendenze corruttive tra i leader nigeriani di quel periodo, che si sono lasciati andare a pratiche di corruzione, gettando così le basi della corruzione su scala monumentale in Nigeria. Questo perché l'economia nigeriana in quel periodo era stata incorporata nel sistema capitalistico mondiale come partecipante periferico attraverso la monetizzazione della sua economia, la coltivazione di colture in denaro e l'introduzione del sistema fiscale e del sistema creditizio.

Adegbite (1991) sostiene che molto prima dell'indipendenza della Nigeria, i politici erano variamente accusati di ogni tipo di corruzione. Anche quando la Nigeria è diventata indipendente, nell'ottobre del 1960, alcuni commentatori hanno criticato la nuova nazione

23

come affetta da corruzione fin dalla nascita. Questo dimostra che le fondamenta dello Stato nigeriano sono state gettate sulla corruzione". Ha aggiunto che "non è sorprendente, quindi, che il primo colpo di Stato della Nigeria sia stato ispirato dal desiderio di liberare la nazione dalla corruzione, oltre che dall'atmosfera di disordine politico che si respirava all'epoca, alimentata dalla violenza politica e dai brogli elettorali". Questa affermazione è stata confermata da Osumah e Aghedo (2014), secondo cui le menti del colpo di Stato del 1966, guidate dal maggiore Chukwuma Nzeogu, hanno dichiarato di essere motivate a rovesciare il governo civile per formare una nazione forte, unita e prospera, libera dalla corruzione. Ciò dimostra che il sistema politico nigeriano all'epoca indipendente era infestato dalla corruzione.

Inoltre, i rapporti delle varie commissioni d'inchiesta sui beni dei funzionari pubblici e di altre persone istituite dall'allora Governo Militare Federale, come ha spiegato Adegbite, rivelano che l'appropriazione indebita di fondi pubblici su larga scala e l'arricchimento ingiusto da parte di ex leader politici civili hanno caratterizzato la Prima Repubblica, il che dimostra quanto fosse grave lo stato di corruzione durante la prima Repubblica, che ha portato al primo colpo di stato militare. Il 29 luglio 1975, a causa dell'incapacità dell'amministrazione Gowon di gestire adeguatamente le raccomandazioni dei tribunali istituiti per esaminare i casi di corruzione in Nigeria durante il suo regime. Il suo regime fu rovesciato quando si recò a Kampala, capitale dell'Uganda, per il vertice dell'Organizzazione dell'Unità Africana (O.A.U.).

Il 1° ottobre 1979, quando assunse la carica di Capo di Stato, il generale Murtala Muhammed, che aveva annunciato un programma di 5 anni per restituire il Paese a un leader democraticamente eletto, succedette al generale Yakubu Gowon. Voleva una nuova Nigeria che partisse da una tabula rasa, il che lo spinse a epurare la funzione pubblica da ogni forma di corruzione, il che fece sì che oltre 10.000 dipendenti pubblici venissero rimossi da vari strati del servizio pubblico, compresi i militari e le forze di polizia, i docenti universitari, i giudici, ecc. Ha istituito una commissione d'inchiesta che ha indicato dieci dei dodici governatori militari che hanno prestato servizio durante il suo regime per vari reati di corruzione che hanno permesso ai colpevoli di confiscare al Governo federale ingenti somme di denaro e proprietà terriere come case. Tuttavia, si è scoperto che il generale Murtala Muhammed avrebbe utilizzato illegalmente il denaro dello Stato per acquistare le sue proprietà personali a Kano (Osumah & Aghedo, 2014).

Dopo l'assassinio del generale Murtala Mohammed, il 13 febbraio 1976, da parte del maggiore Dimka, un colpo di Stato fallito che ha portato alla nomina del generale

Olusegun Obasanjo a capo dello Stato e che, in linea con il calendario di transizione del suo predecessore, ha consegnato il potere a un presidente democraticamente eletto, nella persona di Alhaji Shehu Shagari, il 1° ottobre 1979. Questo segnò una nuova era per il ritorno al governo civile nel panorama politico nigeriano. Egli introdusse la Rivoluzione etica per combattere la corruzione. Tuttavia, non fu efficace.

Tuttavia, Adegbite (1991) sostiene che la nascita della Seconda Repubblica è stata caratterizzata da potenti gruppi di interesse, politici e loro alleati, che sembravano fare della corruzione una virtù. Ha aggiunto che, scrivendo di quest'epoca, un dotto studioso, citando il Wall Street Journal, ha affermato che "era... ben riconosciuto che la corruzione prosperava e che ben il trenta per cento delle entrate del Paese erano state sottratte o deviate per pagare tariffe gonfiate agli appaltatori che poi pagavano i politici corrotti". Ha inoltre osservato che lo stile di vita ostentato dei politici nella seconda Repubblica, oltre alle opportunità offerte dalla licenza di importazione e alla necessità di soddisfare gli interessi di partito, ha esacerbato la corruzione durante questo periodo. Ha aggiunto che era quasi impossibile fare una distinzione tra le casse pubbliche e quelle dei partiti. Questo perché i funzionari pubblici erano desiderosi di entrare nel cosiddetto club dei milionari, che veniva invocato.

Il presidente Shahu Shagari è stato citato da Achebe, (1984:37) secondo cui "... c'era corruzione in Nigeria, ma non aveva ancora raggiunto proporzioni allarmanti". Contrariamente a questa affermazione, Achebe, (1984:37) sostiene che "la mia opinione franca e onesta è che chiunque possa dire che la corruzione in Nigeria non è ancora diventata allarmante o è uno sciocco, o è un truffatore o non vive in questo Paese". Shagari non è né uno sciocco né un disonesto. Devo quindi supporre che viva all'estero, il che non è così strano o fantasioso come alcuni potrebbero pensare". Ha aggiunto che la corruzione in Nigeria ha superato la fase di allarme ed è entrata in quella fatale; e la Nigeria morirà se continuiamo a fingere che sia solo leggermente indisposta".

Tuttavia, The Weekly Star del 15 maggio 1983, nella sua prima pagina, con il titolo *Il nigeriano e la corruzione,* sostiene che "impedire a un nigeriano medio di essere corrotto è come impedire a una capra di mangiare l'igname". Achebe, (1984:38), al contrario, sostiene che la negazione del presidente Shahu Shagari della gravità della corruzione nella sua amministrazione, a un tasso allarmante, è stata negativa. In risposta alla posizione di The Weekly Star del 15 maggio 1983, Achebe sostiene che "una capra ha bisogno di igname perché l'igname è cibo per capre. Un nigeriano non ha bisogno della corruzione, né la corruzione è il nutrimento necessario per i nigeriani". Egli sostiene inoltre che i nigeriani sono corrotti perché il sistema in cui vivono oggi rende la corruzione facile e redditizia; cesseranno di essere corrotti quando la corruzione sarà resa difficile e scomoda. Inoltre, il National Concord del 15 maggio 1983, con il titolo **Fraud at P and T**, ha riferito che il ministro federale delle Comunicazioni sotto il presidente Shehu Shagari, Audu Ogbe, ha dichiarato che "il governo federale sta perdendo ogni mese 50 milioni di NGN come stipendi" per lavoratori inesistenti (Achebe, 1984:39). Questo è ciò che è popolarmente noto come "lavoratori fantasma". Inoltre, il Daily Time del 15 maggio 1983 con il titolo **The Fake Importers (I falsi importatori)** spiega - una storia di importatori nigeriani che, dopo aver richiesto e ottenuto dalla Banca Centrale una scarsa valuta estera "apparentemente" per pagare materie prime all'estero, lasciano il denaro nelle loro banche all'estero e spediscono a Lagos container di fango e sabbia (Achebe, 1984:40).

La portata della corruzione nella Seconda Repubblica nigeriana è quella che Achebe (1984:41) descrive come *"la corruzione è cresciuta enormemente in varietà, grandezza e sfacciataggine dall'inizio della Seconda Repubblica, perché è stata alimentata in modo stravagante da abusi di bilancio e clientelismo politico su una scala senza precedenti"*. Ha aggiunto che *"i fondi pubblici sono stati regolarmente elargiti ad alleati politici e amici personali sotto forma di contratti per l'esecuzione di opere pubbliche di un tipo o di un altro, o di licenze per l'importazione di beni limitati"*.

Sostiene inoltre che *"un contraente politico non avrà alcuna competenza e nemmeno l'intenzione di eseguire il contratto. Si limiterà a vendere il contratto a terzi e a intascare una commissione di centinaia di naira o addirittura di milioni per aver agito come un direttore d'orchestra". In alternativa, può raccogliere denaro non vendendo il contratto, ma incassando una "tassa di mobilitazione" dal Tesoro, mettendo da parte il contratto per il momento o per sempre, comprandosi un'auto Mercedes Benz e cercando di ottenere una carica elettiva attraverso una corruzione aperta e massiccia. Se nonostante tutti i suoi sforzi non riesce a ottenere la nomina o viene sconfitto alle urne, può essere ricompensato con una nomina a ministro. Se come ministro dovesse trovarsi coinvolto in un grave scandalo finanziario, il Presidente lo riassegnerà prontamente a un altro ministero"*.

La natura endemica della corruzione nella Seconda Repubblica nigeriana ha portato Achebe (1984:42) a sostenere che *"la Nigeria è senza ombra di dubbio una delle nazioni più corrotte del mondo, non c'è stato un solo alto funzionario pubblico nei ventitré anni della nostra indipendenza che sia stato messo sotto accusa per corruzione ufficiale"*. L'approccio della carota alla lotta contro la corruzione nella Seconda Repubblica nigeriana ha fatto sì che il livello di corruzione crescesse "audace e famelico", dato che, con ogni regime successivo, i funzionari pubblici sono diventati più spregiudicati e sfacciati.

La domanda è: dalla Seconda Repubblica (1979-1983) la situazione è cambiata? Fashagba (2009:445) sostiene che la candidatura del professor Babalola Borisade alla carica di ministro è stata respinta per tre volte dal Senato nigeriano nel 2003. Il motivo è che il Ministero dell'Istruzione da lui presieduto dal 1999 al 2003 era pieno di crisi. Nel 2001, infatti, l'intero sistema universitario nigeriano ha scioperato per quasi sei mesi a causa della sua incapacità di risolvere la controversia industriale tra l'Unione del personale accademico delle università (ASUU). Tuttavia, il professor Babalola Borisade è stato successivamente confermato dopo quattro o cinque mesi, in quello che Fashagba (2009:445) descrive come un "gioco di politica e lobbying dietro le quinte da parte del Presidente".

Ciononostante, Alhaji Shehu Shagari ha dato vita a una Rivoluzione Etica per combattere la corruzione, che non ha ottenuto alcun risultato significativo. Tutte queste pratiche di corruzione che caratterizzavano la Seconda Repubblica hanno portato all'intervento militare del 31 dicembre 1983, dove i promotori del colpo di Stato hanno attribuito alla natura della corruzione che caratterizzava la Seconda Repubblica le basi per il loro intervento sulla scena politica nigeriana.

Di conseguenza, il generale Muhammadu Buhari ha istituito un Tribunale militare per processare e perseguire i politici corrotti durante la Seconda Repubblica, la maggior parte dei quali è stata incarcerata per vari reati di corruzione. Tra l'altro, il generale Muhammadu Buhari ha lanciato la Guerra contro l'indisciplina (W.A.I) per ripulire il panorama politico nigeriano dalla corruzione. Ma questo fu di breve durata, poiché il regime si fermò in seguito al colpo di Stato ordito contro il regime nell'agosto 1985 dal regime del generale Ibrahim Babangida, che fu descritto come un periodo in cui la corruzione si intensificò in Nigeria. È stato anche un periodo in cui la corruzione è stata "istituzionalizzata" e il prebendalismo è diventato all'ordine del giorno, mentre i funzionari pubblici rubavano impunemente dal tesoro. Era un periodo che alcuni nigeriani descrivevano come "you chop and chop", cioè "tu rubi, io rubo", quindi non c'era da allarmarsi. Nel 1988, il Governo federale istituì presso la Banca Centrale un conto speciale per le donazioni e altre attività, al fine di conservare i proventi della vendita del greggio accantonati per progetti speciali e le entrate finanziarie derivanti dalle entrate petrolifere durante la guerra del Golfo nel 1991. Ma si scoprì che dei 12,4 miliardi di dollari realizzati nei conti, 12,2 non potevano essere contabilizzati entro sei anni (Osoba, 1996) in (Osumah & Aghedo, 2014).

Allo stesso modo, Charles (2006) osserva che "nel 1992, la Nigerian National Petroleum Company (NNPC) aveva un divario di 2,7 miliardi di dollari, pari al 10% del PNL totale del Paese, tra ciò che gli esperti internazionali dicono di aver eroso e ciò che sostiene di aver incassato. L'ipotesi è che il denaro sia stato dirottato verso i conti bancari offshore dei leader militari". Il 27 agosto 1993, a seguito dell'annullamento delle elezioni del 12 giugno 1993, il generale Ibrahim Babagida ha consegnato il potere a un governo nazionale provvisorio guidato dal capo Earnest Sheneko. Tre mesi dopo l'assunzione dell'incarico di Presidente della Nigeria da parte del capo Earnest Sheneko, il defunto generale Sani Abacha, ministro della Difesa del generale Ibrahim Babagida, con un colpo di stato rovesciò il governo provvisorio.

Durante il regime del generale Sani Abacha, il livello di corruzione si è innalzato, poiché non è stato fatto alcuno sforzo considerevole per arginare la corruzione, anzi il generale Sani Abacha è stato accusato di aver rubato miliardi di Naira in conti esteri che sono stati recuperati dopo la sua morte, avvenuta l'8 giugno 1994. Inoltre, African News online del 2 novembre 1998 ha riferito che il defunto Abacha ha lasciato un patrimonio tra i tre e i sei miliardi di dollari. Il defunto Abacha possedeva in Nigeria circa 500 proprietà, tra cui alcuni edifici governativi che aveva illegalmente convertito in propri in Nigeria. I cinque anni di mandato del defunto Abacha sono stati caratterizzati da corruzione e grave mancanza di rispetto per lo stato di diritto. Anche altri membri del gabinetto del defunto Abacha avrebbero sottratto denaro dalle casse dello Stato per scopi personali, tra cui l'ex ministro delle Finanze, Anthony Ani, e l'ex consigliere per la sicurezza nazionale Ismail Gwarzo (Guardian Newspaper, 11 novembre 1998 in Aina, 2007).

Crossroad Magazine (2012:11) ha riportato che *"con fino a 5 miliardi di dollari di fondi rubati, il defunto generale Sani Abacha è entrato nella top five di Transparency International, ovvero è considerato uno dei leader più corrotti del mondo nella storia recente".* Lo stesso Magazine ha riportato che nel 2002, 1 miliardo di dollari è stato restituito alla Nigeria come parte di un accordo extragiudiziale con la famiglia del defunto generale Sani Abacha. È stato anche riportato che nel 2005, mentre altri bottini del defunto generale Sani Abacha si trovavano in Svizzera in un limbo legale, un avvocato svizzero ha usato una tattica per rompere l'impasse, consentendo al governo svizzero di restituire 505 milioni di dollari al governo nigeriano. Inoltre, nell'elenco dei Paesi in cui era custodito il bottino del defunto generale Sani Abacha, il Regno Unito, il Lussemburgo, il Liechtenstein e altre istituzioni e Paesi hanno restituito altri 700 milioni di dollari a seguito di procedimenti separati. Crossroad Magazine (2012:11) afferma inoltre che finora sono stati recuperati 2,2 miliardi di dollari dal bottino del defunto generale Sani Abacha.

Ciò illustra la natura della corruzione durante il regime del defunto generale Sani Abacha. Una domanda che chiede una risposta è: che fine hanno fatto alcune delle somme raccolte dai conti nazionali ed esteri del generale Abacha? Charles (2006) sostiene che prima che il generale Abdulsalami cedesse il potere all'ex presidente Olusegun Obasanjo, il generale Abdulsalami Abubakar (rtd.) ottenne circa 750 milioni di dollari dal conto della famiglia Abacha. Inoltre, dopo l'improvvisa dimostrazione del generale Sani Abacha nel giugno 1998, il governo del generale Abdulsalami Abubakar ha restituito circa 750 milioni di dollari dai conti della famiglia Abacha. Il governo di Obasanjo ha convinto le autorità bancarie svizzere a congelare oltre 600 milioni di dollari di depositi di Abacha e a restituirne quasi 140 milioni. Le banche dell'isola di Jersey hanno restituito al governo nigeriano 149 milioni di dollari. Se le stime del governo sono corrette, gli Abacha possiedono ancora 3 miliardi di dollari in conti bancari esteri, e chissà quanti altri membri degli ex regimi militari hanno in più (Charles, 2006).

Tuttavia, nel 2015, il quotidiano online vanguard ha riportato che alcuni bottini del defunto generale Sani Abacha "sono stati sequestrati nel 2006 in Lussemburgo, su ordine delle autorità svizzere". La famiglia Abacha aveva anche depositato circa 500 milioni di dollari (530 milioni di euro) in banche svizzere, anche se questi fondi sono già stati restituiti alla Nigeria. I 380 milioni di dollari saranno restituiti sotto la supervisione della Banca Mondiale, ha dichiarato l'ufficio del procuratore. Le autorità hanno anche deciso di abbandonare il processo contro Abba Abacha, iniziato nel 1999. Nel 2012, al figlio del generale Sani Abacha era stata inflitta una condanna a un anno di carcere con la condizionale per aver partecipato a un'organizzazione criminale. Il tribunale svizzero ha annullato la sentenza nel maggio 2014, adducendo motivi procedurali. Martedì la procura di Ginevra ha dichiarato che Abba Abacha è già stato detenuto per 561 giorni dal 2004 al 2006, senza ricevere alcun risarcimento. La vicenda di Abacha è iniziata nel 1999, quando la Nigeria ha chiesto alle autorità giudiziarie svizzere di aiutarla a recuperare 2,2 miliardi di dollari (2 miliardi di euro) sottratti da Sani Abacha mentre era al potere" http://www.vanguardngr.com/2015/03/abacha-loot-switzerland-to-return-380m-to-nigeria.

Dopo la morte del generale Sani Abacha, avvenuta l'8 giugno 1994, il generale

Abdulsalami Abubakar (rtd.), che era l'ufficiale generale al comando dell'82ª Divisione Enugu, è stato nominato capo di Stato; il 29 maggio 1999 ha redatto un calendario di transizione per il passaggio a un governo democraticamente eletto, cosa che ha fatto e che è stata applaudita sia a livello nazionale che internazionale. Sebbene il generale Abdulsalami non abbia compiuto alcuno sforzo considerevole per arginare la corruzione in Nigeria, la sua amministrazione è stata accusata di essere corrotta nei pochi mesi trascorsi come capo di Stato. Anche se l'enfasi è stata posta sul calendario di transizione che consentirà il passaggio del potere a un regime democraticamente eletto il 29 maggio 1999, senza considerare se il suo regime avesse casi di corruzione di cui rispondere.

Il 29 maggio 1999, il capo Olusegun Obasanjo ha prestato giuramento come presidente della Nigeria. Charles (2006) sostiene che il governo Obasanjo aveva convinto le autorità bancarie svizzere a congelare più di 600 milioni di dollari di depositi Abacha e a restituirne 149 al governo nigeriano. Se le stime del governo sono corrette, gli Abacha hanno ancora 3 miliardi di dollari in conti bancari esteri. Una volta assunto l'incarico, si rese conto della natura della corruzione che aveva colpito il Paese.

Tuttavia, l'amministrazione del presidente Obasanjo ha istituito la Commissione indipendente per le pratiche di corruzione e altri reati connessi (ICPC) nel 2001, in base alla legge ICPC del 2001, e nel 2003 ha istituito l'agenzia gemella anti-frode nota come Commissione per i crimini economici e finanziari (EFCC), in base alla legge EFCC del 2003. Questo dimostra l'impegno dell'amministrazione Obasanjo nella lotta alla corruzione in Nigeria. Purtroppo, durante il mandato presidenziale di Obasanjo, le agenzie anti-frode sono state utilizzate per dare la caccia ai nemici politici. Sebbene questi cosiddetti nemici politici fossero corrotti, a coloro che non erano suoi nemici politici è stato permesso di sfuggire impunemente alla legge, il che ha rappresentato un duro colpo alla crociata anticorruzione della sua amministrazione. Tuttavia, durante la lotta alla corruzione dell'amministrazione Obasanjo, la corruzione si è intensificata in quanto l'ICPC e l'EFCC sono stati visti come strumenti o macchinari nelle mani del Presidente per dare la caccia ai suoi nemici politici corrotti o ai nemici che erano anch'essi corrotti.

L'amministrazione del defunto Presidente Umar Musa Yar'adua, nonostante la tolleranza zero nei confronti della corruzione, non ha avuto modo di apprezzare il modo in cui è stato gestito il caso del capo Jame Ibori prima della sua condanna al carcere in Gran Bretagna. Anche se durante la sua amministrazione il braccio esecutivo del governo non ha manipolato le agenzie anti-frode, come invece era accaduto durante l'amministrazione Obasanjo, in cui le leggi anti-corruzione in Nigeria non erano state applicate correttamente e si erano verificati casi di impunità di alcune vacche sacre, in particolare, il caso della truffa di Iyabo Bello Obasanjo sui miliardi stanziati per il settore sanitario quando era presidente della Commissione del Senato per la Sanità, che non sono stati indagati, e il caso dei miliardi stanziati per il settore energetico sotto la guida del presidente Olusegun Obasanjo e altri casi di corruzione che non sono stati indagati.

Dopo la scomparsa del Presidente Umar Musa Yar'adua, avvenuta il 5 maggio 2010, il Presidente Goodluck Ebele Jonathan ha assunto l'incarico di Presidente ad interim e successivamente di Presidente della Nigeria. Dal 6 maggio 2010, quando era Presidente ad interim, fino alla sua conferma a Presidente, la sua amministrazione non ha svolto un ruolo significativo nella lotta alla corruzione. Tuttavia, dal 29 maggio 2011 la sua amministrazione non ha mostrato impegno nella lotta alla corruzione quando, per la prima volta, l'ex speaker della Camera dei Rappresentanti Oladimeji Saburi Bankole è stato citato in giudizio davanti all'Alta Corte di Abuja per l'accusa di corruzione per un prestito di oltre 10 miliardi di naira, il 5 giugno 2011, poi il caso è stato insabbiato.

Degno di nota è il caso di corruzione attribuito a James Onanefe Ibori, ex governatore dello Stato del Delta, nel Sud-Sud della Nigeria. Secondo quanto riportato da **Crossroad Magazine** (2012:11), nel 2007 la polizia metropolitana del Regno Unito ha fatto irruzione negli uffici londinesi dell'avvocato Bhadresh Gohil, legale di James Onanefe Ibori. La polizia ha trovato dischi rigidi contenenti i dettagli di una miriade di società off-shore, gestite per James Onanefe Ibori da Bhadresh Gohil, dall'agente fiduciario Daniel Benedict McCann e dal finanziere aziendale Lambertus De Boer, che sono stati tutti incarcerati.

Un aspetto preoccupante della saga della corruzione di James Onanefe Ibori è che, nonostante sia stato arrestato e accusato dalla Commissione per i crimini economici e finanziari (EFCC) per furto di fondi pubblici, abuso d'ufficio e riciclaggio di denaro in un'Alta Corte Federale con sede ad Asaba, nello Stato del Delta, nella Nigeria meridionale, è stato prosciolto da tutte le 170 accuse di corruzione mosse nei suoi confronti dalla Commissione per i crimini economici e finanziari (EFCC). Tuttavia, il successivo arresto di James Onanefe Ibori nel Regno Unito mette in ridicolo il sistema giudiziario nigeriano.

Tuttavia, nell'aprile 2010, James Onanefe Ibori è fuggito dalla Nigeria, secondo la rivista Crossroad (2012:12), a Dubai, spingendo la Commissione per i crimini economici e finanziari (EFCC) a chiedere l'aiuto dell'Interpol. La fortuna lo ha assistito quando, martedì 17 aprile 2012, è stato estradato nel Regno Unito ed è stato condannato a 13 anni di carcere presso la Southwark Crown Court per i reati di riciclaggio di denaro, tra cui la sorella Chritine Ibie-Ibori e il suo complice Udoamaka Okoronkwo.

Ci sono diversi casi di corruzione che "implorano" di essere indagati e perseguiti e che sono stati nascosti sotto il tappeto, come la truffa delle pensioni della polizia, la truffa della borsa nigeriana, la truffa dei sussidi per il carburante, la truffa del N.N.P.C., in cui il Ministro del Petrolio Diezani Alison Maduekwe è stata accusata di aver acquistato un jet per i suoi incarichi ufficiali che non era previsto nel bilancio dell'anno, la truffa dell'aviazione, in cui l'ex Ministro dell'aviazione Mrs. Stella Oduh è stata accusata di aver speso 225 milioni di NGN per la sua auto ufficiale che non era prevista nel bilancio dell'anno, la truffa del C.B.N. sono state tutte nascoste sotto il tappeto come è sempre stato nei casi di corruzione di alto profilo in Nigeria soprattutto dal 2011.

*Nella lettera di 18 pagine di Obasanjo, intitolata **"Prima che sia troppo tardi"**, indirizzata al Presidente Jonathan e datata 2 dicembre 2013, si legge che "... è incredibile l'accusa grave e forte di non aver effettuato rimesse alla Banca Centrale per l'esportazione di circa 300.000 barili al giorno, per un ammontare di 900 milioni di dollari al mese, da raffinare e con prodotti raffinati per soli 400 milioni di dollari restituiti e venduti dalla Shell e gestiti per conto dell'NPDC, senza che i proventi della vendita siano stati versati sul conto dell'NPDC". L'accusa è stata avvalorata dalla lettera del Governatore della Banca Centrale della Nigeria a lei indirizzata sul mancato versamento alla Banca Centrale. Questa accusa non si dissolverà con l'assenza di azione, l'insabbiamento, la negazione o la corruzione di possibili investigatori. La prego di occuparsi di questa accusa in modo trasparente e di far conoscere la verità" (Ishowo, 2015).*

Analogamente, la risposta del Presidente Jonathan alla lettera di Obasanjo, intitolata "Re-Before it is too late", afferma che *"...e già che ci sei, potresti anche voler raccontare ai nigeriani la vera storia delle discutibili rinunce ai bonus di firma tra il 2000 e il 2007..."* (Ishowo, 2015). Un'analisi critica della posizione dei presidenti Obasanjo e Jonathan mostra che entrambi i leader, a un certo punto della loro amministrazione, si sono impegnati in pratiche di corruzione. Il 13th marzo 2013 il Consiglio nazionale di Stato sotto il presidente Goodluck Ebele Jonathan ha concesso la grazia di Stato ai seguenti nigeriani vivi e morti. Si tratta dell'ex governatore dello Stato di Bayelsa, Diepriye Solomon Peter Alamieyeseigha, del generale Oladipo Diya (rtd), del maggiore Bello Magaji Mohammed Lima Biu, del maggiore generale Abdulkarim Adisa, del maggiore Segun Fadipe e dell'ex capo della Banca del Nord, Shettima Bulama. Anche se il Consiglio di Stato nigeriano ha agito in linea con le disposizioni della Costituzione del

1999, modificata nel 2011. Tuttavia, la questione sollevata dai nigeriani e dalla comunità internazionale, in particolare il caso dell'ex governatore dello Stato di Bayelsa, Diepriye Solomon Peter Alamieyeseigha, che ha "saltato la cauzione" a Londra per un'accusa di riciclaggio di denaro.

Sulla base degli esempi di casi di corruzione di alto profilo identificati sopra, che hanno caratterizzato l'amministrazione del Presidente Goodluck Jonathan, è stato giustamente dimostrato che la sua amministrazione non ha la volontà politica di combattere la corruzione e che la sua amministrazione beneficia direttamente e indirettamente della corruzione, se non fosse così, perché i casi di corruzione di alto profilo in Nigeria sono ignorati dal Presidente e dalle istituzioni anti-corruzione? Tuttavia, l'amministrazione del presidente Goodluck Jonathan dal 2011 ha dimostrato scarso o nullo impegno nella lotta alla corruzione in Nigeria, dato che ci sono diverse accuse di corruzione che vanno dalla truffa sull'aviazione in cui l'ex ministro dell'Aviazione Stella Oduah ha accantonato 225 milioni di naira da utilizzare per l'acquisto della sua auto ufficiale, che era al di fuori delle previsioni di bilancio del ministero dell'Aviazione per l'anno fiscale 2014, e che ha suscitato reazioni di massa da parte dei nigeriani che ne hanno chiesto il licenziamento. Tuttavia, ci sono voluti mesi prima che il presidente Jonathan la rimuovesse.

Altre accuse di corruzione includono la scomparsa di 20 miliardi di naira dal fondo non contabilizzato della Nigerian National Petroleum Corporation (NNPC) e la truffa delle pensioni, in cui i benefici pensionistici dei nigeriani che hanno lavorato duramente per la nazione sono stati saccheggiati da pochi individui che fuggono impunemente, La cosa peggiore è la natura endemica della corruzione esibita dai politici nelle primarie di partito e la natura ostentata e spericolata dei politici nigeriani durante l'amministrazione del presidente Jonathan, che mostra una palese mancanza di rispetto per lo stato di diritto nonostante l'esistenza dell'EFCC e dell'ICPC.

È anche importante notare che la governance durante l'amministrazione del presidente Jonathan è diventata costosa, tanto che i delegati di partito per i candidati al governatorato ammontano a milioni di naira e i benefici materiali, come le auto, sono annessi. Inoltre, sono state aperte donazioni per finanziare la campagna presidenziale del Presidente per un ammontare di oltre 36 miliardi di naira. Inoltre, è stato affermato che l'Associazione cristiana della Nigeria (CAN) è stata corrotta con 7 miliardi di naira; il pastore Kallamu Musa-Dikwa, con sede nello Stato di Borno, ha accusato la CAN di aver incassato tangenti dal presidente Jonathan per fare campagna contro il candidato presidenziale dell'All-Progressive Congress, il generale maggiore Muhammadu Buhari (rtd) (www.vanguardngr.com).

CAPITOLO TRE

TEORIE/APPROCCI ALLO STUDIO DELLA CORRUZIONE

*"Il problema della Nigeria è semplicemente e completamente un fallimento della
leadership. Non c'è nulla di fondamentalmente sbagliato nel carattere nigeriano, non
c'è nulla di sbagliato nella terra o nel clima o nell'acqua o nell'aria o in qualsiasi altra
cosa".*
- Chinua Achebe
"La corruzione non ha religione"
*"Chiunque riceva tangenti ipoteca la propria coscienza. Dietro ogni dono c'è un obbligo.
Questo è il potere della corruzione".*
- Umur Kaoje

Esistono numerose teorie e prospettive che sono state sviluppate e utilizzate dagli studiosi
per spiegare la corruzione. In questo capitolo esamineremo alcune di queste teorie.
Inoltre, il nostro sforzo in questo capitolo comporterà anche l'uso di alcune teorie vitali
della corruzione per esaminare la natura della corruzione in Nigeria. In questo capitolo
verranno esaminate le seguenti teorie e prospettive della corruzione:

PROSPETTIVA DI ECONOMIA POLITICA

L'economia politica, altrimenti nota come approccio marxiano o approccio dell'analisi di
classe, è indispensabile per comprendere la corruzione in Nigeria. Questo perché
l'approccio dell'economia politica ci fornisce un'opzione migliore per spiegare,
prescrivere e prevedere la totalità del modo scientifico di analisi e il contesto in cui la
corruzione ha luogo in Nigeria.

Inoltre, ci fornisce uno strumento per comprendere la produzione materiale in qualsiasi
Nigeria e la fondazione di forze e classi sociali. Come approccio ha contenuti sia
economici che politici, così come la corruzione ha dimensioni sia economiche che
politiche. Inoltre, il quadro teorico dell'economia politica ci fornisce una migliore
comprensione di fenomeni politici come la corruzione, in quanto ci mostra che la base di
tutta la vita sociale si fonda su relazioni economiche.

Tuttavia, la disuguaglianza economica non ha permesso alla democrazia politica di
funzionare in Nigeria, poiché il potere politico tende a polarizzare il potere economico.
La disuguaglianza tende a provocare la repressione di cui si fa esperienza oggi in Nigeria
(Olawole, in Aina, 2007).

Baran (1959) ha giustamente osservato che il quadro teorico dell'economia politica ci
permette anche di comprendere i valori e l'etica della società in relazione alle condizioni
economiche della Nigeria. L'aumento del divario tra le classi in Nigeria ha portato alla

povertà di desideri tra i proletari nigeriani e questa disuguaglianza ha portato anche all'aumento del livello di vizi sociali come il furto, la corruzione, il rapimento, le irregolarità negli esami, la prostituzione e così via.

Il quadro teorico dell'economia politica indaga la profondità delle questioni (come la corruzione), l'interconnessione dei fenomeni, le politiche, ecc. al fine di conoscerne l'origine di classe, il carattere e la composizione e la logica della loro esistenza e del loro futuro. Non esamina quindi le questioni in modo superficiale. Inoltre, hanno aggiunto che l'approccio dell'economia politica penetra in profondità nei processi e nelle politiche, mettendo a nudo la loro essenza e spiegando così le forme concrete delle loro manifestazioni nella vita quotidiana (Momoh, & Hundeyin, 1999).

Momoh, & Hundeyin, (1999) hanno sostenuto che il quadro teorico dell'economia politica ci permette anche di "sondare la profondità delle questioni, l'interconnessione dei fenomeni, le politiche, ecc. al fine di conoscere la loro classe di origine, il carattere e la composizione e la logica della loro esistenza e del loro futuro". Inoltre, hanno aggiunto che l'approccio dell'economia politica "penetra in profondità nei processi e nelle politiche, mette a nudo la loro essenza e quindi spiega le forme concrete delle loro manifestazioni nella vita quotidiana". In questo testo l'approccio dell'economia politica viene utilizzato per tracciare l'origine profonda della corruzione in Nigeria, le sue dimensioni, le implicazioni/effetti, le leggi anticorruzione e il ruolo del governo nella lotta alla corruzione in Nigeria.

Tuttavia, la corruzione ha rafforzato la povertà economica e la disuguaglianza in Nigeria. In questo modo, ostacola le pratiche efficaci della democrazia. Ad esempio, la natura endemica della corruzione ha fatto sì che la classe politica nigeriana percepisse il periodo elettorale come un'occasione per comprare i voti degli elettori, che sono disposti a vendersi al miglior offerente senza badare alle implicazioni politiche dovute al loro livello di povertà. Questo spiega come la Permanent Voters Card (PVC) sia stata venduta al mercato nero tra i 10.000 e i 20.000 NGN. Il periodo delle elezioni viene quindi percepito dagli elettori come un periodo in cui vendere il proprio voto, per cui spesso non vedono l'ora di partecipare, dato che nella maggior parte dei casi le elezioni sono inficiate da pratiche elettorali scorrette.

Inoltre, il quadro teorico dell'economia politica ci aiuta a comprendere le basi dello sviluppo sociale in Nigeria. Ci fornisce anche le basi per comprendere le relazioni sociali delle persone nel processo di produzione in Nigeria e mostra come coloro che possiedono e controllano i mezzi di produzione dominanti (borghesia) e come controllano tutti gli aspetti dell'economia nigeriana e fanno politiche che promuovono e proteggono ulteriormente i loro interessi.

Nel complesso, l'approccio economico-politico ci fornisce una visione olistica della natura della corruzione in Nigeria e di come essa influisca sui vari segmenti della società, siano essi l'economia, la sfera politica, la divisione socio-culturale e le classi sociali.

PROSPETTIVA ISTITUZIONALISTA

Questa prospettiva sulla corruzione spesso distingue tra corruzione politica, burocratica ed economica (Dahlstrom, Lapuente & Jan Teorell, 2009); (Mbaku, 2000) citato in Chipkin, 2013). Mbaku (2005) sostiene che la corruzione in Africa (Nigeria compresa) "è una conseguenza diretta di accordi istituzionali mal concepiti e di strutture di incentivi distorte", ma non ne tiene conto nell'analisi (Chipkin, 2013) Nel contesto di questa prospettiva, le istituzioni deboli in Nigeria sono la causa della corruzione. Invariabilmente, se queste istituzioni deboli in Nigeria vengono sviluppate, la corruzione sarà affrontata.

Tuttavia, le prospettive istituzionali traggono argomenti dai modelli di scelta pubblica del comportamento umano che analizzano la divisione della società in pubblica e privata. Ci fornisce anche un'utile comprensione di ciò che costituisce una sfera pubblica e privata, che sono costruzioni politiche i cui limiti e la cui natura dipendono dai concetti e dalle ideologie che operano nella sfera sociale e politica (ibidem).

PROSPETTIVA SOCIO-PSICOLOGICA

La prospettiva socio-psicologica per la comprensione della corruzione si concentra sull'"elemento umano". Madonsela (2010) sostiene che "il fattore più importante (per affrontare la corruzione) è (...) affrontare i valori e i comportamenti umani". Gli studiosi che utilizzano questo approccio studiano la corruzione nel contesto della cultura politica e delle organizzazioni in cui le persone agiscono, pensano, parlano e si relazionano. Questa prospettiva considera la corruzione a partire dalla disposizione psicologica individuale come causa della corruzione. L'accento è posto sul fatto che la corruzione è un prodotto dei valori e dei comportamenti individuali. Pertanto, un individuo può scegliere di essere o non essere corrotto, il che è una funzione dei valori e dei comportamenti individuali.

TEORIA DELL'ELITE

I sostenitori della teoria delle élite sono chiamati teorici delle élite o elitisti (Heywood 2007:84). Questa teoria sostiene l'idea che in Nigeria ci siano due gruppi di persone: l'élite, che è un gruppo minoritario che governa, e le masse, che costituiscono il gruppo più ampio e sono la maggioranza in Nigeria. Tuttavia, esistono tre varianti della teoria delle élite, ovvero;

a. l'   **elitismo normativo** che suggerisce che il governo delle élite è auspicabile: il potere politico dovrebbe essere nelle mani di una minoranza saggia o illuminata (Heywood 2007:84 in Momoh, 2015b) La questione di come identificare la minoranza saggia o illuminata rimane un problema. Inoltre, anche quando la minoranza saggia o illuminata viene identificata, il problema di come identificare una minoranza saggia o illuminata credibile rimane un problema. Questo perché la Nigeria, fin dalla sua indipendenza, non è stata in grado di ottenere una "minoranza saggia o illuminata" che avesse a cuore gli interessi della nazione. Chinua Achebes ha giustamente osservato che "il guaio della Nigeria è semplicemente e completamente un fallimento della leadership. Non c'è nulla di fondamentalmente sbagliato nel carattere nigeriano, non c'è nulla di sbagliato nella terra o nel clima o nell'acqua o nell'aria o in qualsiasi altra cosa".

L'incapacità dello Stato nigeriano di eleggere una minoranza saggia o illuminata che governi il Paese è responsabile della natura endemica della corruzione in Nigeria. Pertanto, fino a quando lo Stato nigeriano non avrà eletto una minoranza saggia o illuminata che abbia la capacità e la credibilità per guidare il Paese, il problema della corruzione non potrà essere affrontato. Perciò, se lo Stato nigeriano non si adegua a livello di leadership, la questione della lotta alla corruzione sarà futile.

b.   **L'elitismo classico** è stato sviluppato da Gaetamo Mosca (1857-1941), Vilfredo Pareto (1848-1923) e Robert Michels (1876-1936) che sostiene che il dominio delle élite è inevitabile, un fatto immutabile dell'esistenza sociale (Heywood 2007:84 in Momoh, 2015b).

Mosca (1939) sostiene che in tutte le società "ci sono due classi di persone: una classe che governa e una classe che è governata". La sua posizione è che le risorse necessarie per governare in Nigeria sono sempre distribuite in modo ineguale e una minoranza coesa (élite) è sempre stata in grado di manipolare e controllare le masse (grandi percentuali di nigeriani poveri), come accade oggi nella democrazia nigeriana, dove il 10% dei cittadini costituisce l'élite mentre il restante 90% costituisce le masse (Momoh, 2015b).

Pareto (1935) sostiene che le qualità necessarie alle élite per governare sono quelle di uno dei due tipi psicologici: le "volpi" (che governano con l'astuzia e sono in grado di manipolare il consenso delle masse) e i "leoni" (il cui dominio è tipicamente ottenuto attraverso la coercizione e la violenza) (Heywood 2007:84 in Momoh, 2015b). In base alle affermazioni di Pareto, in Nigeria si possono identificare due tipi di élite: le volpi sono astute e non hanno la capacità di governare perché sono "pesantemente" corrotte a causa dei loro affari sporchi passati mentre erano in carica o perché si sono allineate con i leader corrotti del passato. Di solito, le volpi forniscono fondi alle élite che godono del rispetto dei nigeriani per partecipare alle elezioni, con un accordo scritto o orale in cui l'élite sponsorizzata dà tangenti su base mensile o settimanale, a seconda dell'accordo raggiunto. Questo è il cervello che sta alla base del padrinato nella politica nigeriana, che genera padrini politici, generalmente definiti come "uomini che hanno il potere di determinare personalmente sia chi viene candidato alle elezioni sia chi vince in uno Stato". (http://news.bbc.co.uk/1/hi/world/africa/3156540.stm).

L'élite del Leone, d'altra parte, è dominante, forse non ha le qualità necessarie per governare, ma spesso "si compra la strada" verso i corridoi del potere grazie alla sua ricchezza e alla sua potente influenza, che usa per truccare le elezioni. Hanno anche avanguardie di teppisti e sostenitori che li vedono come un modello. Alcuni di questi sostenitori arrivano al punto di indossare magliette e loghi che simboleggiano il loro sostegno incondizionato a questa élite, senza curarsi se questa ha una cattiva leadership o è corrotta. Di solito questi sostenitori sono sempre pronti a scatenare il terrore su chiunque parli male o getti discredito sulla personalità di tale leader. Questo spiega perché i funzionari delle agenzie anti-frode (EFCC e ICPC) vengono attaccati da alcuni malintenzionati ogni volta che tentano di colpire qualche politico corrotto.

Questa è una caratteristica tipica della maggior parte dei leader nigeriani. Infatti, l'unico momento in cui la maggior parte dei leader nigeriani si trova in conflitto di interessi è quando alcuni di loro sono sotto accusa per la spartizione dei "bottini di Stato" o quando la configurazione del potere non favorisce una classe particolare, ma certamente non su questioni di grande importanza nazionale. Questo spiega meglio le lotte intestine tra i membri della Camera dei Rappresentanti.

Il rapporto USAID (2006) sulla Nigeria mostra che "l'esercizio informale del potere da parte dell'oligarchia politica nigeriana esercita un controllo maggiore sulla vita quotidiana rispetto alle istituzioni formali. La frattura principale nella politica nigeriana è tra i membri dell'oligarchia e i cittadini. Poiché l'oligarchia è isolata dalla responsabilità, le forme spettacolari di corruzione sono diventate radicate e tollerate dai funzionari". Ciò implica che in Nigeria le élite sono più potenti della maggior parte delle istituzioni statali, motivo per cui possono facilmente sfidare le istituzioni statali a loro piacimento, così come violare le decisioni delle istituzioni statali a loro piacimento. Questo spiega perché le agenzie anti-frode (EFCC e ICPC) hanno difficoltà a perseguire le élite più potenti, come gli ex presidenti che in passato sono stati collegati a certi casi di corruzione.

Inoltre, decenni di governo militare hanno accentrato un enorme potere politico nelle mani delle élite nigeriane, che hanno esteso il controllo governativo sulla terra e sull'onnipotente industria petrolifera. I boom e le crisi petrolifere e gli effetti economici dei programmi di aggiustamento strutturale (SAP) hanno decimato la maggior parte delle industrie non petrolifere, portando una ricchezza inimmaginabile agli oligarchi che controllano le rendite petrolifere. Di conseguenza, l'oligarchia è diventata straordinariamente ricca, mentre circa tre quarti dei nigeriani sono caduti in una povertà assoluta, tra l'atrofizzazione dei servizi statali e la stagnazione dei settori non petroliferi. Queste tendenze hanno rafforzato il dominio di un'oligarchia multietnica il cui potere deriva dal monopolio politico sull'apparato statale e dalle sue vaste rendite petrolifere. È importante notare che esiste uno scollamento tra i membri dell'oligarchia, che controllano le arene politiche e lottano per mantenere la loro relativa egemonia, e la maggior parte della popolazione, che si trova esclusa dai modelli informali di potere patrimoniale che controllano il processo decisionale pubblico in Nigeria (USAID 2006).

c. L' **elitismo moderno** è stato sviluppato da C. Wright Mill come analisi empirica, ma è più critico e discriminante sulle cause del dominio delle élite. Gli elitisti moderni, come C. Wright Mill, si sono spesso preoccupati di mettere in luce il dominio delle élite nella speranza di spiegarlo e contestarlo (Heywood 2007:84). Pertanto, gli elitisti moderni spiegano e affrontano criticamente il dominio delle élite, dal momento che un'ampia percentuale di corruzione proviene dal dominio delle élite che controllano gli affari delle istituzioni pubbliche in Nigeria. Per affrontare il problema della corruzione in Nigeria, i nigeriani devono impegnarsi criticamente nelle attività e nelle politiche pubbliche della sua leadership ed essere critici nell'eleggere leader che frenino la corruzione e promuovano una governance partecipativa che promuova lo sviluppo in tutte le ramificazioni dello Stato nigeriano.

Nel complesso, gli studiosi che intendono adottare la teoria dell'élite nella loro indagine sulla corruzione in Nigeria si concentreranno sulle élite e non sulle masse, poiché la corruzione è un fenomeno comune che caratterizza le attività dei ricchi e dei potenti in Nigeria, che costituiscono l'élite. Achebe (1984:38) ha giustamente osservato che "la corruzione va di pari passo con il potere; e qualsiasi cosa possa avere l'uomo medio non è il potere". Perciò, per discutere in modo utile della corruzione, dobbiamo innanzitutto collocarla nel posto che le compete: nei ranghi dei potenti", in questo contesto le élite.

CAPITOLO QUARTO

INDICATORI E MISURAZIONE DELLA CORRUZIONE IN NIGERIA

"Ovunque ci sia estrema povertà e nessuna assicurazione sanitaria nazionale, nessuna promessa di assistenza sanitaria a prescindere dalla posizione sociale, è lì che si vedono i forti limiti dell'assistenza sanitaria basata sul mercato".
-Paul Farmer
"Quando la povertà sarà scomparsa, dovremo costruire musei per mostrare gli orrori alle generazioni future. Si chiederanno perché la povertà è continuata così a lungo nella società umana: perché poche persone hanno potuto vivere nel lusso mentre miliardi di persone vivevano nella miseria, nella privazione e nella disperazione".
-Muhammad Yunus

Studiosi e ricercatori hanno identificato una serie di indicatori che dimostrano l'esistenza della corruzione in un Paese, in una società o in una comunità. In questo capitolo ci concentreremo sull'identificazione di come un individuo, un gruppo o un'organizzazione sappiano che in Nigeria esiste la corruzione. I seguenti sono indicatori dell'esistenza della corruzione in Nigeria.

Secondo Oye, (2013) gli indicatori di corruzione sono inesauribili e l'ingegno di coloro che sono coinvolti nella corruzione non conosce limiti! Bisogna stare attenti a:

a. Pagamenti in contanti anomali

b. Pressioni esercitate affinché i pagamenti vengano effettuati con urgenza o prima del previsto

c. Pagamenti effettuati attraverso paesi terzi, ad esempio beni o servizi forniti al paese "A", ma il pagamento viene effettuato, di solito, a società di comodo nel paese "B".

d. Percentuale di provvigione anormalmente alta pagata a una particolare agenzia. Questa può essere suddivisa in due conti per lo stesso agente, spesso in giurisdizioni diverse.

e. Incontri privati con appaltatori pubblici o aziende che intendono partecipare a gare d'appalto.

f. Ricezione di doni abbondanti

g. L'individuo non prende mai ferie, anche se malato, o ferie, o insiste per occuparsi personalmente di specifici contraenti.

h. Prendere decisioni inaspettate o illogiche accettando progetti o contratti.

i. Processo insolitamente agevole di casi in cui l'individuo non possiede il livello di conoscenza o di competenza previsto.

j. Abuso del processo decisionale o dei poteri delegati in casi specifici.

k. Accettare contratti non favorevoli all'organizzazione, sia per quanto riguarda i termini che la durata.

l. Preferenza inspiegabile per alcuni contraenti durante la gara d'appalto

m. Evitare i controlli indipendenti sulle procedure di gara o di appalto.

n. Sollevare barriere in relazione a ruoli o dipartimenti specifici che sono fondamentali nel processo di appalto/contrattazione.

o. Bypassare la normale procedura di gara d'appalto/appalto

p. Fatture in eccesso rispetto al contratto senza una ragionevole motivazione.

q. Documenti o registrazioni mancanti relativi a riunioni o decisioni

r. Non vengono rispettate le procedure o le linee guida aziendali

s. Il pagamento o la messa a disposizione di fondi per spese di valore elevato o tasse scolastiche ecc. per conto di altri.

Il Comunicato della Conferenza Nazionale sulla Corruzione e gli altri Crimini Economici in Nigeria, organizzata dal Ministero Federale della Giustizia e tenutasi presso l'Istituto Nigeriano per gli Affari Internazionali, Victoria Island, Lagos-Nigeria, tra martedì 13th e giovedì 15th dicembre 1988, è il risultato di trentuno relazioni presentate alla conferenza, di cui quattordici sono state le reazioni scritte da eminenti studiosi e ricercatori provenienti dal settore pubblico e privato. Inoltre, i documenti presentati si sono concentrati sulle "cause, la natura, la portata, i modelli e gli effetti della corruzione e di altri crimini economici e hanno offerto possibili soluzioni".

Il comunicato della Conferenza nazionale sulla corruzione e altri crimini economici in Nigeria afferma che:

PREMESSO CHE

"Le ragioni addotte per la crescita di questo verme includono l'analfabetismo di massa, la povertà e la frustrazione generale, i conflitti di valori, la debolezza dei meccanismi di governo e di applicazione, il tribalismo e il nepotismo:

E CONSIDERANDO

La propensione all'acquisizione della nostra società, in cui le persone sono giudicate e accettate in base a ciò che hanno e non a ciò che sono, l'uso delle cariche politiche come mezzo primario per acquisire ricchezza, la mancanza di patriottismo e il generale disprezzo per le leggi del Paese sono tutti fattori che contribuiscono all'attuale stato di decadenza morale;

È stato quindi deciso:

(a) Che le attività di corruzione non sono appannaggio esclusivo di una particolare sezione della società, ma piuttosto un malcostume che attraversa tutte le barriere e gli strati sociali;

(b) Che non sono solo i politici e i dirigenti a corrompere la nostra società, ma anche i burocrati, i funzionari pubblici, i banchieri, gli assicuratori, i funzionari coinvolti nell'amministrazione della giustizia nel Paese, le forze dell'ordine, la stampa, i leader religiosi e altri membri del pubblico.

Per combattere la corruzione e altri crimini economici, gli autori, i Reattori e i partecipanti hanno proposto le seguenti risoluzioni;

a) La corruzione non può essere completamente sradicata, ma può essere arginata e limitata e l'approccio dovrebbe essere quello di attaccarla alla radice.

b) La stampa non dovrebbe limitarsi a riportare le vicende della società, ma dovrebbe essere uno strumento di cambiamento positivo per portare la società a un livello più alto; e dovrebbe essere incoraggiata un'ampia pubblicità ai rapporti sulle persone riconosciute colpevoli di corruzione e altri crimini economici.

c) Il giornalista non deve lasciarsi corrompere dai membri della società e dal pubblico stesso.

d) Si dovrebbe tentare di declassificare alcune informazioni della funzione pubblica, soprattutto quelle palesemente innocue.

e) A causa dell'inadeguatezza delle risorse umane e finanziarie necessarie per monitorare efficacemente le attività di corruzione, alcune persone la fanno franca e altri membri della società seguono il loro esempio.

f) I membri del pubblico dovrebbero desistere dall'offrire tangenti alle forze dell'ordine e, per educare i funzionari pubblici, dovrebbero assumersi le loro responsabilità civiche aiutando le agenzie di sicurezza a svolgere il loro dovere.

g) Che è necessaria una campagna di sensibilizzazione pubblica sostenuta sul diritto dell'individuo secondo la legge.

h) Che le persone condannate per corruzione o altri reati economici non possano ricoprire cariche pubbliche o partecipare alla vita politica.

i) Che è necessario rivedere i nostri sistemi di giustizia penale in modo da poter utilizzare il metodo inquisitorio per la corruzione e altri reati economici, e che dovrebbero essere previste pene più severe per questa categoria di reati, in particolare se perpetrati da persone appartenenti agli strati socio-economici più elevati della società. Le pene dovrebbero essere principalmente sotto forma di confisca, restituzione, confisca, risarcimento e imposizione di multe e sentenze di livello più severo quando i reati sono legati alla corruzione e ai crimini economici.

j) Invece di istituire una Commissione speciale indipendente per la corruzione e i crimini economici, come proposto da alcuni partecipanti, il consenso è stato che l'ufficio del Codice di condotta e la Commissione per i reclami pubblici dovrebbero essere aboliti e che questi due organismi possono contenere adeguatamente la situazione.

k) È urgente equipaggiare, formare e riqualificare i membri delle agenzie di sicurezza per consentire loro di svolgere efficacemente i propri compiti.

l) Il successo delle frodi nelle istituzioni finanziarie nigeriane è dovuto all'infedeltà e alla collusione del personale, all'inefficacia dei controlli, alla debolezza dei sistemi di verifica, alla negligenza e alla mancanza di attenzione ai dettagli da parte del personale. È quindi necessario rivedere e rafforzare continuamente i sistemi per impegnarsi nella formazione del personale e incoraggiare i funzionari dando loro una motivazione, se necessario.

m) I nostri sistemi legali e giudiziari devono assumere un tono di urgenza nella risoluzione dei casi. I tribunali devono essere accettati come arbitro finale nella determinazione dei casi e la magistratura deve essere evidentemente e trasparentemente libera dalla corruzione. Il sistema giudiziario deve essere supportato da un sistema legale efficiente.

n) Si dovrebbe procedere a una revisione e a una riforma periodica delle leggi esistenti con l'obiettivo di eliminare alcuni tecnicismi procedurali, come è auspicabile, e si dovrebbe porre maggiore enfasi sull'applicazione delle norme.

o) Si dovrebbe porre maggiore enfasi sulla prevenzione e sull'individuazione dei reati.

p) I leader dei vari organismi religiosi dovrebbero aiutare in questo senso, poiché c'è bisogno di rigenerazione morale tra la popolazione. Dovrebbero collaborare con le scuole e le istituzioni di apprendimento per stabilire e intensificare l'educazione religiosa e morale, e dovrebbero evitare di adulare inutilmente i leader corrotti e i membri ricchi della società nei loro sermoni o nei luoghi di culto.

q) Che il crimine del contrabbando prospera perché molti nigeriani considerano il contrabbando come una forma di "business" e non come un crimine, per cui i contrabbandieri di successo non sono socialmente ostracizzati ma ben accettati.

r) A questo contribuiscono anche il basso morale delle forze dell'ordine, dovuto alla scarsa struttura salariale, le dure condizioni di lavoro, l'inadeguatezza delle strutture e la mancanza di alloggi adeguati, che a volte costringono le forze dell'ordine a vivere nelle case di proprietà dei contrabbandieri.

s) Che venga emanato un decreto di prevenzione della corruzione che preveda, tra l'altro, quanto segue;

CHE chiunque sia o sia stato un funzionario pubblico.

i)   Mantenere un tenore di vita superiore a quello commisurato al suo emolumento passato o presente; oppure

ii)   Se non fornisce una spiegazione soddisfacente alla corte su come sia stato in grado di mantenere tale tenore di vita o su come tali risorse pecuniarie o proprietà siano entrate sotto il suo controllo, sarà (sic) colpevole del reato" (Kalu & Osinbajo, 1991: xxi-xxiv).

MISURAZIONE DELLA CORRUZIONE

Una domanda fondamentale da porsi è: la corruzione può essere misurata? Si tratta di una domanda molto difficile a cui rispondere. In questo capitolo affronteremo brevemente il dibattito se la corruzione possa essere misurata o meno. Nel corso degli anni questa è stata una questione controversa nel discorso anticorruzione. La nostra posizione in questo dibattito è che la corruzione può essere misurata e non può essere misurata. Pertanto, in questo capitolo avanzeremo argomentazioni a favore e contro la possibilità di misurare o meno la corruzione. Si può affermare che la corruzione ha caratteristiche sia quantitative che qualitative.

Per attributi quantitativi si intende quando la cifra esercitata o la pratica corruttiva coinvolge un valore monetario o qualcosa che può essere misurato, come ad esempio un politico che ha rubato, ad esempio, 10 milioni di naira rispetto a un politico che ha assunto qualcuno della sua zona anche se tale individuo non ha le qualifiche per tale lavoro. L'attributo qualitativo della corruzione riguarda i casi in cui la pratica corruttiva non può essere misurata, come il tribalismo, il nepotismo, il clientelismo, il favoritismo, ecc. La domanda è se sia possibile misurare il livello di tribalismo. Sarà difficile misurarlo perché il livello di tribalismo o nepotismo non può essere misurato. Tuttavia, è possibile assegnare un valore numerico per misurarlo.

Per esempio, il nepotismo determina il modello di voto nella maggior parte delle elezioni nel suo collegio elettorale?

a) A Agree può essere assegnato un valore numerico come (2).

b) b) Il disaccordo può essere assegnato con un valore numerico come (1)

Gli imperativi dello strumento di misurazione della corruzione sono stati identificati da Transparency International (2007), secondo cui "i Paesi con un alto tasso di corruzione e con grandi difficoltà nella raccolta dei dati sono spesso quelli che hanno più bisogno di strumenti di misurazione della corruzione. Questi strumenti possono fornire informazioni essenziali su come un Paese è governato e su come il settore pubblico sta funzionando tenendo conto di vari gradi di circostanze difficili. Le valutazioni nazionali possono anche valutare quanto siano praticati gli attributi essenziali per lo sviluppo sostenibile e la riduzione della povertà, come "responsabilità", "trasparenza" ed "equità". A livello nazionale, gli strumenti di misurazione della corruzione possono essere utili a vari livelli di governo, tra cui i ministeri, la magistratura, il parlamento e le amministrazioni locali, al fine di progettare politiche migliori e monitorare i progressi. I governi possono trovare utili gli strumenti di misurazione della corruzione anche per rispondere alle richieste dei donatori e delle imprese. Inoltre, gli strumenti possono essere utili per la società civile, come i partiti politici, i think tank e le ONG, a fini di advocacy e per chiedere conto ai governi. Gli strumenti locali e nazionali presentano molti vantaggi rispetto a quelli globali. Quando gli strumenti di misurazione sono sviluppati da ricercatori nazionali e fanno parte dei processi politici nazionali, generano più facilmente una titolarità nazionale. La titolarità nazionale può fornire una piattaforma per un maggiore impegno dei cittadini. Questo, a sua volta, rafforza la domanda di efficacia del governo e ne migliora la responsabilità" (Transparency International, 2007:4).

Uno degli strumenti più comuni per valutare la governance e la corruzione è rappresentato dalle indagini sull'opinione pubblica mondiale a livello nazionale, in particolare tra le organizzazioni della società civile, le autorità nazionali e le organizzazioni internazionali. Tuttavia, la Nigeria non dispone di ricerche empiriche e di dati diagnostici. Piuttosto, la Nigeria dipende da strumenti di misurazione di organizzazioni internazionali come la Banca Mondiale e Transparency International, rispetto ad alcuni Paesi come il Kenya, il Bribery Index e il rapporto Etat de la corruption au Burkina Faso che dispone di ricerche empiriche e dati diagnostici sulla valutazione della corruzione.

Transparency International (TI), il Programma di sviluppo delle Nazioni Unite (UNDP) e il Democratic Governance Group (DGG) hanno sviluppato un esercizio di mappatura per valutare la governance e la corruzione nell'Africa subsahariana. Secondo Transparency International (2007), *"lo scopo dell'esercizio era identificare e caratterizzare gli strumenti nazionali che misurano la corruzione e la governance democratica nell'Africa sub-sahariana. La mappatura si è concentrata sugli strumenti di misurazione quantitativi realizzati nell'ultimo decennio. Sono stati identificati 42 strumenti diversi, utilizzati in più di 28 Paesi. La maggior parte di questi strumenti è stata sviluppata e implementata dopo il 2004. Gli strumenti sono elencati nel rapporto per tipologia. Tra questi figurano le indagini sull'opinione pubblica, le diagnosi del settore pubblico, le indagini del settore privato e le indagini combinate. Inoltre, ogni strumento è descritto in termini di Paesi e popolazioni che finora sono stati oggetto di indagine utilizzando lo strumento, chi ha prodotto lo strumento, chi lo ha finanziato, la metodologia, l'impatto politico e lo scopo dichiarato dello strumento. Un ultimo aspetto chiave discusso in relazione a ogni strumento è la misura in cui lo strumento affronta adeguatamente la povertà e le dimensioni di genere della corruzione"* (Transparency International, 2007:2).

Gli indicatori per misurare la corruzione sono stati tratti da *"Indicatori aggregati come l'Indice di percezione della corruzione di Transparency International o gli Indicatori di governance della Banca Mondiale sono stati utilizzati per confrontare e classificare i Paesi e sono stati molto utili come strumenti di sensibilizzazione. Tuttavia, il loro potenziale per guidare i processi di policy-making è limitato, poiché non sono progettati per identificare le aree in cui è necessaria una riforma"* (*Transparency* International, 2007:4).

Inoltre, l'esercizio di mappatura è stato utilizzato per studiare la corruzione e la governance in Nigeria: *"Il campione dell'indagine è stato modellato in modo da rappresentare la diversità della Nigeria. In totale, sono stati intervistati più di 5.000 intervistati. Per le famiglie è stato utilizzato un disegno di campionamento ad area a più stadi, con 2.613 intervistati. Le famiglie urbane e le persone con un buon livello di istruzione sono state rappresentate in modo sproporzionato, in quanto le famiglie urbane e gli intervistati con uno status sociale più elevato hanno maggiori probabilità di accedere ai servizi pubblici. Un totale di 1.676 funzionari pubblici, selezionati tra i governi federali, statali e locali delle aree di campionamento che rappresentano le 6 zone geopolitiche, hanno risposto all'indagine. Infine, sono stati intervistati 1.008 rappresentanti di imprese commerciali. La raccolta dei dati è iniziata alla fine del 2001 e i rapporti sono stati ultimati nel giugno 2003. Le indagini forniscono una notevole quantità di informazioni sulla natura e sull'entità della corruzione e sull'impatto che essa ha sull'erogazione dei servizi e sulla gestione dello Stato. La comprensione del rapporto tra governance e corruzione aumenta le prospettive di riforme istituzionali che portano a un miglioramento della governance e quindi della crescita economica. L'intento dello studio è quello di assistere il governo nigeriano nello sviluppo di strategie efficaci di accountability/anticorruzione".*

CAPITOLO QUINTO

CAUSE DELLA CORRUZIONE IN NIGERIA

"Non si dovrebbe essere così ciechi di patriottismo da non riuscire ad affrontare la realtà. Sbagliare è sbagliato, non importa chi lo fa o chi lo dice".
- Malcolm X
"La politica è fatta di potere e il potere è fatto di politica. È un frutto proibito, chi lo assaggia ne vuole sempre di più".
-Ayo Dumoye
"L'egoismo è la più grande maledizione della razza umana".
- William Ewart Gladstone.

In letteratura, gli studiosi hanno avanzato varie ragioni per cui la corruzione prospera in Nigeria, come Gray e Kaufmann (1998), Mohammed, (1991), Adegbite, (1991), Fadoyomi, (1991), Moikori, (1991), Shively (2008), George (1991), Waziri, (2009) e USAID, (2006) tra gli altri. È pertinente notare che la natura pervasiva della corruzione è peggiore in alcune società che in altre, perché alcuni sistemi politici permettono alle pratiche di corruzione di prosperare, mentre in alcune società che hanno una corruzione endemica le pratiche di corruzione sono criminalizzate. Inoltre, è pertinente sottolineare che le implicazioni della corruzione sullo sviluppo nazionale sono terribili e sono in grado di minare il futuro di qualsiasi società. "Costa vite umane, produce cinismo, mancanza di fiducia e disprezzo per lo stato di diritto" (Shively, 2008).

Sebbene le pratiche di corruzione siano state presenti negli scambi umani, come sostiene Shively (2008), sembra che non sia stato fatto molto al riguardo, perché a volte può servire a lubrificare il commercio. Ciò implica che la corruzione ha favorito le attività commerciali in passato e finora sostiene le attività commerciali moderne. La crescita e lo sviluppo delle pratiche di corruzione a livello globale sono stati sostenuti a causa dei rapidi cambiamenti socioeconomici e politici che hanno creato la piattaforma per la corruzione, considerando il fatto che questi cambiamenti, a loro volta, influenzano i comportamenti umani, che sono influenzati dall'ondata socioeconomica e politica della globalizzazione.

Una delle cause principali della corruzione in molte società è che la maggior parte di esse sta subendo cambiamenti o trasformazioni che a loro volta influenzano il comportamento e l'orientamento dei cittadini. Shively (2008) osserva che *"quando le società sono in rapida trasformazione, spesso appaiono suscettibili alla corruzione, in parte perché le norme di comportamento sono in continuo mutamento. Alcune persone non hanno guide morali stabili per il comportamento e in parte perché ci sono molte opportunità di corruzione in una situazione di rapido cambiamento economico".* Sebbene nessuna

48

società al mondo sia priva di pratiche di corruzione, il grado di corruzione varia da una società all'altra.

Nel corso degli anni la corruzione è rimasta uno dei problemi dominanti dello Stato nigeriano e sembra che sia stato fatto poco per affrontarla. In Nigeria, sia i ricchi "che hanno" sia i poveri "che non hanno" sono colpevoli di corruzione, anche se il grado varia; di conseguenza, le cause della corruzione devono essere trasversali, indipendentemente dal proprio status economico, politico e sociale nella società. Questo ha portato alcuni studiosi e scrittori a sostenere che la corruzione è uno "spirito" semplicemente perché i ricchi nigeriani sono "più" corrotti dei poveri nigeriani, perché alcuni ricchi nigeriani, che inizialmente non erano corrotti, hanno improvvisamente scoperto che quando viene loro offerta l'opportunità di servire a qualsiasi titolo non saranno in grado di spiegare il motivo per cui si sono ritrovati in un giro di corruzione a cui inizialmente non volevano essere associati. Tuttavia, questa posizione è contestabile, poiché l'avidità e l'eccesso possono essere utilizzati per spiegare il motivo per cui gli individui ricchi spesso continuano o hanno la tendenza alla corruzione, mentre per i nigeriani poveri sono la povertà e l'incertezza o la paura di ciò che il futuro riserva loro a spiegare le cause della povertà tra i lavoratori a basso reddito.

Pertanto, si può sostenere che la corruzione non è uno spirito, ma fattori come lo stato d'animo di un individuo, la pressione della società/famiglia, la sindrome del guadagno rapido e la natura permissiva del sistema politico. Ciò è dovuto all'incapacità di alcune persone di capire perché alcuni individui che non erano corrotti fin dall'inizio lo diventino improvvisamente. Per esempio, un individuo la cui idea di governo è quella di saccheggiare il tesoro sarà sicuramente corrotto. In secondo luogo, le pressioni esercitate dai membri della famiglia e dai soci, in particolare quelle che possono essere definite "richieste o pressioni non necessarie" sul titolare di una carica pubblica o che mettono in primo piano le esigenze familiari, fanno sì che un individuo distolga alcuni fondi pubblici per soddisfare tali esigenze. In terzo luogo, la paura dell'ignoto, di ciò che riserva il futuro. Questo perché la maggior parte dei titolari di cariche pubbliche vuole saccheggiare le casse dello Stato per paura del domani, dato che la maggior parte di loro non è sicura di ciò che li attenderà in futuro e quindi tende più spesso a rubare dal denaro pubblico, soprattutto quando il sistema consente pratiche di corruzione.

Gray e Kaufmann (1998) individuano sette fattori che favoriscono la corruzione. Questi sono il valore dei salari e degli stipendi, la presenza di forti opportunità e la consapevolezza di come perpetrare la corruzione, la debolezza delle misure contro la responsabilità, la popolazione, la ricchezza delle risorse naturali, la mancanza di volontà politica e l'indecisione delle pressioni e dell'assistenza della comunità globale. Questi fattori che favoriscono la corruzione variano da una cultura all'altra e da un sistema politico all'altro. È importante notare, tuttavia, che è possibile identificare un atto di corruzione quando viene perpetrato indipendentemente dal contesto culturale o politico (Fagbadebo, 2007).

Mohammed (1991) ha identificato le seguenti cause della corruzione in Nigeria: tratti personali negativi o disposizioni di alcuni individui, tribalismo, sezionalismo, differenze culturali o eterogeneità, rapida urbanizzazione, povertà, esposizione a influenze straniere, ignoranza, doppi standard e basso livello di patriottismo. Ha aggiunto che, sebbene tutti questi fattori siano importanti di per sé, mi sembra che la povertà o le privazioni siano il fattore più importante che promuove la diffusione di tangenti, cioè di incentivi finanziari illegali, nel Paese.

Tuttavia, utilizzando il livello di analisi multivariata, è sbagliato utilizzare una singola variante (univariata) come base per identificare e valutare le cause della corruzione, relegando così altre variabili o fattori in secondo piano. La povertà è un fattore ma non l'unico responsabile della corruzione in Nigeria. Per esempio, i ricchi che rubano miliardi di Naira dalle casse pubbliche non possono essere attribuiti alla povertà, ma possono essere attribuiti ad altri fattori come l'avidità, l'atteggiamento sbagliato nei confronti della proprietà pubblica, eccetera; per estensione, se la corruzione è legata alla povertà, significa che sono solo i poveri o gli oppressi a essere corrotti.

Adegbite (1991) individua tra le cause della corruzione: la non conformità ai principi religiosi, i valori e le idee importati estranei alla nostra cultura, l'etnia che tende a incoraggiare favoritismi e nepotismo, un sistema legale debole, ecc. I "valori importati e le idee estranee alla nostra cultura" sono visti come quei valori e quelle idee importati e presi in prestito dalle società occidentali che sono giustamente cattivi o dovrebbero essere abbandonati. Ma quei valori e quelle idee che promuovono la trasparenza dovrebbero essere inculcati nella nostra società.

Altri hanno osservato che i filoni ideologici difettosi spesso causano la corruzione, come ha osservato il Rev. P. Francis Ogunmodede sulla filosofia socio-politica del capo Obafemi Awolowo, l'anziano statista scomparso, secondo cui il sistema capitalistico nigeriano favorisce la corruzione. Ha aggiunto che lo sviluppo dell'uomo è incompleto senza moralità e il capitalismo manca di moralità. Sottolinea inoltre che "una persona non può vivere una vita felice se non ha un briciolo di moralità". Ritiene inoltre che nessuna nazione abbia mai raggiunto la grandezza denigrando la propria coscienza o facendo dell'immoralità una virtù e un ideale. Ogni società che trascura la moralità va verso la decadenza e la perdizione" (ibidem). Da quanto detto, l'affermazione del capitalismo porta spesso all'avidità e alla corruzione e anche all'immoralità. Sebbene il capitalismo, come qualsiasi altra ideologia, abbia i suoi difetti, ci sono alcuni benefici che possono essere ricavati da esso e che, per estensione, potrebbero essere utili a un Paese come la Nigeria.

Tuttavia, a causa dei difetti del comunismo (come la negazione della libertà individuale), il defunto capo Obafemi Awolowo ha raccomandato il socialismo democratico come unico sistema politico etico, in grado di soddisfare le aspirazioni o i desideri dei nigeriani. Il Rev. Padre Francis Ogunmodele (ibidem) afferma che lo sviluppo umano è radicato nelle fondamenta etiche e può quindi aiutare gli uomini a ottenere un'autentica felicità e uno stato di vita perfetto, cioè libero da alcuni mali sociali come l'abuso di potere, la dominazione di classe e la corruzione. Questo perché il capitalismo permette alla ricchezza eccessiva e incontrollata di prosperare con tutti gli abusi che ne conseguono. Coloro che diventano inconsapevolmente ricchi aspirano a comandare, indipendentemente dal fatto che possiedano o meno le qualità necessarie per farlo.

Non c'è da stupirsi se oggi in Nigeria la ricchezza, per quanto raggiunta, è diventata il passaporto per accedere alle cariche politiche. Ciò descrive la natura del capitalismo e del sistema democratico praticato in Nigeria. Il modo in cui opera il capitalismo nigeriano è tale che la classe borghese non ha a cuore l'interesse del Paese, ma piuttosto l'interesse aziendale della classe borghese. Inoltre, la classe borghese nigeriana è composta da borghesi comprador che fungono da intermediari tra i poveri nigeriani e le classi di capitalisti internazionali e la maggior parte delle decisioni prese da queste classi borghesi locali o borghesi comprador sono dannose per il loro paese natale, la Nigeria. Ecco perché la classe politica nigeriana avvia buone politiche per la nazione, ma improvvisamente si confonde quando assume il potere o diventa indecisa su quale politica attuare. Inoltre, durante le elezioni, i vari aspiranti politici ingannano l'elettorato con manifesti favolosi, dando così all'elettorato la falsa speranza che, se votati, avrebbero consegnato al popolo il dividendo della democrazia; in realtà, ciò che vediamo quando alla fine vengono votati al potere, è una serie di lamentele; sapendo bene che i fondi per attuare queste politiche sono prontamente disponibili. Ciò dimostra che la cattiva leadership, che deriva dalla marea della corruzione, è uno dei problemi dominanti che affliggono lo Stato nigeriano.

È stato anche sostenuto che le amministrazioni passate e presenti in Nigeria hanno incoraggiato le pratiche di corruzione direttamente o indirettamente. Ciò può essere attribuito al modo in cui i casi di corruzione vengono gestiti dalle agenzie anti-frode e dalle altre forze dell'ordine. La natura selettiva di chi perseguire o meno sta diventando preoccupante, poiché alcuni individui sono diventati capri espiatori a causa della loro slealtà nei confronti del governo in carica. La lotta alla corruzione dovrebbe essere condotta senza riservare un trattamento preferenziale a determinati individui o gruppi, a prescindere dal loro status nella società.

Tuttavia, Moikori (1991) ha valutato le cause della criminalità dei colletti bianchi e delle frodi nelle istituzioni finanziarie facendo riferimento alle cause generali per applicare principalmente quelle specifiche relative alle istituzioni finanziarie.

Le cause generali includono:

(a) La questione dell'avidità degli individui, in generale, e il valore sociale attribuito all'acquisizione di ricchezza.

Ha aggiunto che è risaputo che "coloro che sono arrivati" ricevono il trattamento di Persona Molto Importante (VIP) ovunque vadano, senza che la gente si preoccupi di indagare sulla loro fonte di ricchezza. Chi non ha i soldi non è da tenere in considerazione, quindi i grandiosi piani per acquisire ricchezza con qualsiasi mezzo contribuiscono ad alimentare la corruzione. Ha inoltre sostenuto che è un fenomeno comune nella società nigeriana contemporanea che lo status degli individui sia definito in base alla loro capacità finanziaria senza considerare la fonte di tale ricchezza. Le capacità mentali o meno di un individuo non sono più la base per valutarne la posizione finanziaria. Lo studioso e pensatore del XIX secolo Karl Marx ha giustamente osservato che *"non è la coscienza sociale di un uomo a determinare il suo benessere, ma al contrario è il suo benessere economico a determinare la sua coscienza"*. Questo è applicabile a tutti gli aspetti della società nigeriana, siano essi politici, sociali, religiosi o tradizionali. In Nigeria, è un fenomeno comune vedere i governanti tradizionali assegnare titoli di capo tribù a individui che si rivelano essere criminali, sulla base della loro posizione finanziaria, piuttosto che dei loro contributi alla comunità. Le istituzioni religiose non fanno eccezione, poiché la ricchezza determina il tipo di preghiera che si riceverà dal clero e la posizione e il rispetto che saranno accordati all'individuo.

(b) La morte dei valori sociali di base attraverso la sostituzione o il graduale abbandono, ad esempio la sostituzione dell'istruzione con l'esperienza, che avviene con la vecchiaia, o i figli che prendono il posto dei genitori. Ciò dimostra che la caduta dei valori sociali si ripercuote sul nostro sistema educativo. In Nigeria, il finanziamento del settore educativo da parte del governo è ancora minimo, per cui c'è ancora molto da fare per migliorare lo standard dell'istruzione: l'Organizzazione delle Nazioni Unite per l'Educazione, la Scienza e la Cultura (UNESCO) ha raccomandato di destinare almeno il 26% degli stanziamenti di bilancio al settore educativo. Inoltre, la formazione adeguata degli insegnanti e la costruzione di altre scuole, l'equipaggiamento dei laboratori scolastici, al fine di soddisfare gli standard richiesti per l'apprendimento, rimangono una considerazione per ringiovanire lo standard decaduto dell'istruzione in Nigeria.

(c) La falsa percezione di beni nazionali altrimenti validi, ad esempio l'uso di concetti piuttosto che di fango; il trucco dell'uomo bianco, piuttosto che quello locale; la costruzione di una casa di cemento, il tetto di zinco, il soffitto di pannelli rigidi e l'importazione di condizionatori d'aria per raffreddare le stanze in Africa, dove una casa di fango con un tetto di paglia, un soffitto di fango e una grande finestra eviterebbe la necessità di condizionatori d'aria o persino di una stufa.

Maikori (1991) sostiene la necessità che gli africani apprezzino i prodotti locali piuttosto che concentrarsi sui beni prodotti all'estero. È opportuno notare, tuttavia, che le società si sono evolute nel corso degli anni, tanto che alcune tecnologie sono diventate obsolete, per cui è necessario che le società argomentino la loro tecnologia attraverso innovazioni e scoperte tecnologiche.

(d) un'errata valutazione del governo e del suo ruolo da parte della maggior parte dei nigeriani. Ad esempio, la gente crede che l'atto di governare consista nello spartirsi le chicche politiche con amici, parenti e soci d'affari e nel soffocare i dissidenti e i nemici percepiti o reali, incoraggiando così la sindrome tribale e dei vecchi ragazzi nelle organizzazioni politiche militari o civili, compromettendo di conseguenza i nobili ideali del buon governo.

Nel corso degli anni, in Nigeria, sia i leader che i governati hanno avuto una percezione sbagliata della governance. Queste mancanze da parte dei governanti e dei governati hanno portato a una cattiva governance in Nigeria, tanto che i leader e i governati vedono la governance come una piattaforma per accumulare ricchezza. I leader e i governati hanno un ruolo importante da svolgere nella lotta alla corruzione in Nigeria; questo perché la percezione e l'idiosincrasia dei leader e dei governati devono cambiare e la responsabilità e la trasparenza devono essere radicate, se si vuole ridurre la corruzione al minimo.

(e) priorità culturale errata, per cui i nativi usano le culture straniere senza crederci e ingannando gli altri, ad esempio recidendo con il Corano o la Bibbia quando non ci credono (ibidem). In questo contesto, la proliferazione della cultura, anche se la globalizzazione è uno dei fattori responsabili. È importante notare che, attraverso l'acculturazione della cultura occidentale, è importante che i tratti culturali buoni vengano abbracciati, mentre quelli cattivi vengano eliminati. A questo punto, è fondamentale notare che alcuni leader, aderenti all'Islam e al Cristianesimo in Nigeria, spesso praticano ciò in cui non credono. Più spesso il loro atteggiamento è quello di "fare quello che dico io, ma non fare quello che faccio io". Questo atteggiamento ipocrita è ingannevole ed è in grado di ingannare gli altri. Questo atto di inganno ha portato alla proliferazione di tutte le forme di violenza etno-religiosa in Nigeria negli ultimi tempi; è necessario impegnarsi per frenare questo comportamento antipatriottico e i leader di entrambe le confessioni religiose devono vigilare sulle loro affermazioni per evitare qualsiasi forma di conflitto che possa sfociare in una vera e propria violenza.

(f) Nella maggior parte dei nostri uffici pubblici, comprese le organizzazioni religiose, si mettono chiodi rotondi in buchi quadrati. Questo atto di mettere pioli rotondi in buchi quadrati è un fenomeno comune in quasi tutti i settori della Nigeria. Maikori (1991) ha giustamente osservato che la Nigeria è uno dei Paesi al mondo in cui si permette a persone non qualificate di dirigere o gestire posizioni o uffici fondamentali. È necessario impegnarsi per risolvere questa brutta situazione, in modo che le persone giuste siano autorizzate a pilotare istituzioni o organizzazioni di cui possiedono le competenze e le conoscenze tecniche, al fine di promuovere l'efficacia e l'efficienza nella gestione e nel funzionamento di queste istituzioni.

(g) L'instabilità del governo con la conseguente mancanza di fiducia nell'economia che porta i cittadini a vivere nella paura dell'ignoto e ad accumulare ricchezze con tutti i mezzi per prepararsi al giorno di pioggia della politica. La natura dell'instabilità politica in Nigeria e il rimpasto e il licenziamento di persone di nomina politica nel più breve tempo possibile, hanno fatto sì che i cittadini che hanno avuto l'opportunità di essere nominati accumulassero risorse, di solito provenienti dal tesoro del governo, per il giorno di pioggia politica, se alla fine fossero stati abbandonati. Questo ha fatto sì che gli incaricati politici in Nigeria, una volta assunto l'incarico, non si concentrassero sul governo, ma su come saccheggiare il più possibile per paura dell'ignoto o del presentimento di essere licenziati. Pertanto, i nigeriani, in particolare i leader, devono vedere la loro nomina o elezione in qualsiasi posizione come un'opportunità per servire il popolo, e non per saccheggiare il tesoro del governo.

Maikori (1991) ha individuato le seguenti cause specifiche della criminalità dei colletti bianchi e delle frodi nelle istituzioni finanziarie. Ha aggiunto che, poiché hanno un impatto diretto sulla performance delle istituzioni finanziarie, con conseguenti ripercussioni sull'intera società, esse sono le seguenti

a. L'adeguata supervisione del personale coinvolto nelle transazioni monetarie o la sua mancanza facilita l'appropriazione indebita di fondi.

b. Un controllo irregolare o poco frequente dei libri contabili di enti pubblici o di organizzazioni private non consente di individuare tempestivamente malversazioni o frodi. Lasciare il personale per troppo tempo in un particolare lavoro e in una posizione delicata che comporta transazioni monetarie potrebbe esporlo alla tentazione di pratiche fraudolente.

c. L'eccessiva durata delle indagini sui casi di criminalità dei colletti bianchi e di frode e il prolungamento dell'azione penale nei confronti dei colpevoli consentono al personale coinvolto (prima che le indagini siano concluse in modo da non rivelare i colpevoli) di intraprendere altre pratiche fraudolente prima di essere catturato. Il protrarsi delle indagini e del procedimento giudiziario nei confronti dei colpevoli non funge da deterrente per gli altri.

d. Personale giudiziario inadeguato e talvolta inefficiente e/o corrotto e persino giudici che convivono con i colpevoli per spartirsi il bottino e sono quindi ciechi di fronte alla verità. Paura dell'ignoto e mancanza di apprezzamento della buona condotta e della sua ricompensa da parte di una società depravata.

Allo stesso modo, Fadoyomi (1991) ha identificato le seguenti cause alla base della corruzione: analfabetismo, valori sbagliati, mancato rispetto di norme e regolamenti, povertà e frustrazione.

Tuttavia, i fattori che promuovono la corruzione in Nigeria possono essere raggruppati sotto le seguenti voci:

a) Fattori ambientali

b) Fattori legali

c) Fattori socioculturali

d) Fattori politici

e) Fattori economici

(a) **Fattori ambientali:** Si tratta di fattori esterni all'individuo, per esempio, se un particolare sistema non promuove o non consente la responsabilità e la trasparenza, la corruzione può facilmente prosperare. Alcuni studiosi di orientamento socialista, come il defunto Chief Obafemi Awolowo, hanno sostenuto che la libertà dell'individuo di trarre profitto a proprio piacimento, senza alcuna forma di restrizione al grado di sfruttamento, spesso porta alla corruzione, che il sistema capitalista consente. Ciò significa che l'ideologia di un Paese, se non ben articolata e aggregata, può favorire la corruzione.

Inoltre, i leader nigeriani del passato hanno progettato il sistema politico della Nigeria in modo tale da non essere ritenuti responsabili delle loro pratiche di corruzione quando erano in carica. Per questo motivo, è difficile individuare un leader del passato in Nigeria che sia corrotto.

L'ambiente della corruzione in Nigeria ha reso difficile per quasi tutti i leader politici essere responsabili nel governo. Per esempio, è difficile per chiunque conoscere l'ammontare di quanto i titolari di cariche politiche ricevono come stipendio e indennità. In Nigeria nessuno è in grado di dire quanto i senatori e la Camera dei Rappresentanti percepiscano come stipendio e indennità. Non esiste infatti una legge efficace, nonostante l'approvazione del Freedom of Information Bill, che renda responsabili i titolari di cariche pubbliche. Questo perché le condizioni che porterebbero le masse nigeriane a chiedere responsabilità ai titolari di cariche pubbliche sono difficili, scoraggiando così qualsiasi individuo interessato a chiedere responsabilità e trasparenza nella governance.

USAID (2006) osserva giustamente che i poteri formali e informali convergono nell'ufficio del presidente, che monopolizza in larga misura i proventi del petrolio per ricompensare e consolidare le sue reti patrimoniali. Le origini del potere esecutivo possono risalire alla centralizzazione del potere dei militari e al loro controllo sull'industria petrolifera, ma i funzionari civili hanno imparato presto il valore del controllo centrale. Analogamente alla presidenza, i governatori degli Stati utilizzano la loro influenza per dirigere il flusso delle risorse federali. La maggior parte di essi gestisce i propri Stati come feudi privati, ma è anche vero che i livelli di corruzione variano notevolmente. La distribuzione dei proventi petroliferi attraverso le reti clientelari è il collante che tiene insieme il sistema oligarchico in modo da contenere le tendenze centrifughe basate sull'etnia o sulla religione.

(b) Fattori legali: Si tratta di leggi che impediscono ai colpevoli di corruzione di essere perseguiti. In Nigeria, prima che le indagini si concludano con l'individuazione di un colpevole di corruzione, spesso ci vuole un periodo più lungo e in alcuni casi i colpevoli ricevono un'ordinanza di divieto da parte del tribunale che impedisce alle Agenzie antifrode di perseguirli.

Inoltre, il sistema legale nigeriano non prevede pene severe per i colpevoli di corruzione; i colpevoli scontano una breve pena detentiva e vengono poi graziati. Al contrario" un povero nigeriano che ruba "quello che serve per mangiare" può essere condannato a cinque anni di carcere, mentre i leader corrotti che rubano milioni o miliardi di euro sono condannati a un periodo di detenzione minimo e a volte vengono graziati prima della scadenza del loro mandato.

Pertanto, il governo deve dimostrare la volontà politica di punire i colpevoli di pratiche di corruzione in modo commisurato ai reati commessi e in modo da fungere da deterrente per gli altri. Inoltre, non si dovrebbero lasciare impunite le vacche sacre che sono state accusate di pratiche di corruzione, indipendentemente dalla loro posizione sociale. La questione della vacca sacra dovrebbe essere eliminata. Tutti coloro che sono stati accusati di corruzione, a prescindere dalla loro posizione, dovrebbero essere portati in tribunale, come prevede la legge.

(c) **Fattori socio-culturali:** In Nigeria, i colpevoli di corruzione vanno a testa alta dopo essere stati condannati in tribunale per corruzione. Negli ultimi tempi, i colpevoli di corruzione si recano spesso nei loro luoghi di culto per ringraziare il "dio della corruzione" che permette loro di rubare dal tesoro pubblico e di sfuggire impunemente alla legge. Gli ecclesiastici che officiano il servizio di ringraziamento benedicono e pregano per loro", in modo che possano rubare di più, quando gli verrà offerta l'opportunità di servire. Che vergogna, i nostri leader religiosi e tradizionali che dovrebbero condannare i mali della società e ripristinare il nostro valore morale perduto, hanno deviato a causa del loro amore per il denaro, invece di riportare la società al livello di alti valori morali, alcuni di loro hanno peggiorato la brutta tendenza.

Inoltre, il tribalismo e il sezionalismo sono altri fattori socio-culturali che promuovono la corruzione in Nigeria. È un fenomeno comune in Nigeria vedere persone squalificate sulla base della loro affinità etnica o della loro tribù. Questo fenomeno è stato esacerbato dal fatto che nel 1995 è stata istituita la Commissione federale per il carattere per affrontare questo squilibrio e promuovere un'equa rappresentanza di tutte le sezioni della società nigeriana; questo perché, in passato, era un fenomeno comune vedere agenzie governative e ministeri dominati da un particolare gruppo etnico o sezione del Paese.

Non è stato fatto molto per affrontare lo squilibrio nel processo di reclutamento e selezione del personale, dove finora alcune istituzioni pubbliche sono state dominate da un particolare gruppo etnico. Il governo dovrebbe cercare di riorganizzare ogni istituzione o agenzia dominata da un particolare gruppo etnico; alcuni membri di questo gruppo etnico dovrebbero essere trasferiti ad altri ministeri o agenzie per ridurre il predominio di un particolare gruppo etnico.

George (1991) individua tra le cause sociali ed economiche della corruzione la mancanza di servizi sociali, la pressione demografica, il canto di lode, la disoccupazione e la sottoccupazione, la scarsa leadership, l'instabilità politica e l'applicazione ingiusta e iniqua della legge. Tutte le cause sociali ed economiche identificate da George (1991) sono in grado di generare corruzione e hanno contribuito alla crescita e allo sviluppo della corruzione.

Nel corso degli anni, non è stato fatto molto nell'ambito dello sviluppo delle infrastrutture in Nigeria, anzi le poche disponibili stanno crollando. Inoltre, l'esposizione della popolazione è un'altra minaccia per le strutture infrastrutturali, perché le infrastrutture sviluppate in passato erano destinate a una determinata popolazione e, con l'aumento della popolazione, c'è una forte pressione sui servizi sociali e sulle risorse.

A questo punto è opportuno affermare con chiarezza che ci sono alcuni aspetti della nostra cultura che incoraggiano la corruzione. Per esempio, la maggior parte delle società celebra gli individui con grandi ricchezze senza badare alle fonti della loro ricchezza. Inoltre, quando un individuo viene accusato di corruzione o riconosciuto colpevole di corruzione, spesso alcuni gruppi etnici lo vedono come una forma di "vittimizzazione" da parte dell'altro gruppo etnico nei confronti del proprio. Questo tipo di atteggiamento da parte di alcuni settori della società nigeriana contribuisce a promuovere la corruzione. Piuttosto, se un individuo è accusato di corruzione, dovrebbe essere autorizzato ad affrontare il processo e se è colpevole del reato commesso, dovrebbe essere autorizzato ad affrontare la piena collera della legge al fine di scoraggiare gli altri, invece di essere protetto dal suo gruppo etnico.

Inoltre, George (1991) ha osservato che "la nostra cultura riconosce solo il ricco, indipendentemente da come ha acquisito la sua ricchezza. Nella società, egli viene contrabbandato per lodi, onori e riconoscimenti. Viene osannato quando dona grandi somme di denaro in occasione di incontri sociali o quando elargisce denaro di provenienza illecita in luoghi pubblici, mentre nelle società rispettabili queste persone sono emarginate. È il prescelto per una serie di titoli di capo tribù, strade importanti, scuole, ospedali e altre istituzioni pubbliche prendono il suo nome. D'altro canto, gli innocenti lavoratori poveri vengono deragliati ed evitati. La domanda imbarazzante che gli viene spesso rivolta dalla sua famiglia in particolare e dalla società in generale è: "Dov'eri quando il capo XYZ faceva i suoi soldi? Non eravate entrambi nello stesso servizio pubblico?".

Allo stesso modo, Waziri (2009) osserva giustamente che "nemmeno il nostro ambiente culturale, caratterizzato da forti legami familiari e comunitari, è di aiuto. Non appena inizia un'indagine, segue una raffica di telefonate in cui si dice che si manomette la giustizia con la misericordia. Si chiede la cauzione immediata anche prima dell'interrogatorio del sospettato. La cultura del grande uomo è stata portata al livello del ridicolo, tanto che un sospetto criminale vuole un trattamento preferenziale rispetto ad altri nigeriani nella stessa situazione. Non possono sopportare l'inconveniente di una detenzione di 48 ore consentita dalla Costituzione. Vogliono la libertà provvisoria immediata. Questo non va bene per le indagini sui crimini economici con tutte le loro complessità" (Waziri, 2009:5). Nel complesso, una cultura che non consente l'onestà e l'integrità rimane un terreno fertile per la corruzione.

(d) **Fattori politici:** La natura della configurazione o della distribuzione del potere in qualsiasi società riduce o promuove le pratiche di corruzione. Le istituzioni statali in Nigeria, nel corso degli anni, sono state progettate per promuovere la corruzione, e questo è stato sostenuto da cattivi leader, che non vogliono che il sistema sia riformato in linea con le sfide globali, anzi, questa affermazione è stata sottolineata dal compianto Chinua Achebe: "Il problema della Nigeria è semplicemente e completamente un fallimento della leadership. Non c'è nulla di fondamentalmente sbagliato nel carattere nigeriano. Non c'è nulla di sbagliato nella terra o nel clima, nell'acqua o nell'aria o in qualsiasi altra cosa". Ciò ha fatto emergere che il malgoverno in Nigeria è il prodotto di una cattiva leadership, poiché il sistema non ha il controllo su se stesso, ma può essere cambiato per adattarsi ai nigeriani o sono i leader che dovrebbero riformare il sistema e non il sistema che riforma i leader.

Charles (2006) osserva giustamente che "la debolezza dello Stato nigeriano è più evidente nella corruzione che ha afflitto il Paese fin dall'indipendenza. Naturalmente, ci sono molte cose che non sappiamo, dato che i funzionari corrotti raramente parlano dei loro guadagni illeciti. Tuttavia, non c'è dubbio che la corruzione sia molto diffusa. Non c'è stata quindi grande sorpresa quando un sondaggio del 1996 tra i dirigenti d'azienda internazionali ha classificato la Nigeria come il Paese più corrotto del mondo", ha aggiunto. La corruzione assume molte forme in Nigeria, come nel 1995, quando un programma di 60 minutes ha trasmesso un programma sulle truffe perpetrate dagli "uomini d'affari" nigeriani alla ricerca di investimenti di capitale da parte di ingenui e ricchi stranieri. Vengono chieste tasse (un eufemismo per dire tangenti) per ignorare le norme ambientali sulle merci importate o persino per ottenere una carta d'imbarco per un volo aereo. Il sistema doganale nigeriano è famigerato, ha citato il caso di un importatore: "Nessuno paga al funzionario doganale un terzo della differenza tra l'aliquota ufficiale del dazio e quello che si paga effettivamente (di solito nulla)".

Inoltre, alcuni casi classici di corruzione politica in Nigeria nel corso degli anni includono: nel 1992, quando la Nigerian National Petroleum Corporation (NNPC) aveva un buco di 2,7 miliardi di dollari come guadagno, si ipotizzò che il denaro fosse stato dirottato verso i conti bancari offshore dei leader militari, così anche i 50 miliardi di dollari guadagnati dalla NNPC durante la guerra del Golfo nel 1991, che ai nigeriani fu detto che erano conservati in un conto estero, non possono essere spiegati (ibidem).

Un altro modo in cui il sistema politico nigeriano ha favorito la corruzione è stato giustamente osservato da Olusegun (2011): "la questione più critica è stata il caso del contratto assegnato per la costruzione di centri di assistenza sanitaria primaria nelle 774 aree governative locali del Paese. Il contratto è stato rescisso dopo una riunione del Consiglio economico nazionale (NEC) il 9 dicembre 2007, con la motivazione che il contratto era incostituzionale e la detrazione di denaro dai conti dei governi locali irregolare. Questo ha generato insinuazioni che il Presidente (Yar' adua Umaru) stesse agendo per offendere il suo predecessore". E aggiunge: "Un'attenta analisi dei retroscena della cancellazione ha rivelato alcuni dettagli sgradevoli. Una società di nome Mathan Nigeria Limited si era aggiudicata l'appalto di 37 miliardi di euro per la costruzione di centri di assistenza sanitaria primaria nelle 774 aree governative locali del Paese. Sulla base di un'approvazione del Consiglio Esecutivo Federale (FEC), il denaro veniva detratto dal conto di ogni governo locale alla fine di ogni mese con una banca commerciale come intermediario per l'appaltatore e ALGON, i principali promotori del progetto. Sullo sfondo delle accuse di diversi consigli locali, secondo cui il progetto sarebbe stato imposto loro".

e) Fattore economico:

Uno dei principali fattori economici che hanno favorito la corruzione in Nigeria, soprattutto tra i nigeriani, è la povertà, in particolare tra i poveri che sono incerti su ciò che il futuro riserva o su cosa ne sarà di loro nel futuro più prossimo. Ciò è attribuito alla mancanza di fiducia nei confronti dell'intera leadership nigeriana che, fin dall'indipendenza, ha deluso gli elettori nell'affrontare i problemi socio-economici del Paese. Inoltre, a causa della paura dell'ignoto di ciò che il futuro riserva loro, milioni di nigeriani poveri, quando viene data loro l'opportunità di servire a qualsiasi titolo, vorrebbero appropriarsene perché credono che tale opportunità potrebbe non ripresentarsi, il che è attribuito alla mancanza di leadership a tutti i livelli di governo in Nigeria.

Tuttavia, l'avidità è un'altra dimensione della corruzione in Nigeria, soprattutto tra i ricchi. È ridicolo in Nigeria vedere un uomo con miliardi di naira sul suo conto e molti investimenti sia in Nigeria che in Europa, ma desiderare di averne di più e persino essere pronto a morire per acquisire più denaro e fare qualsiasi cosa senza badare se ciò possa essere un danno per la nazione nella sua ricerca di denaro e bisogni materiali.

CAPITOLO 6

TIPI DI CORRUZIONE IN NIGERIA

"Nessuno vive isolato dalla corruzione in Nigeria, o si è infettati dalla corruzione o si è colpiti dalla corruzione".
"Se aboliamo lo Stato, aboliamo la corruzione".
- Gary Becker
"Combattiamo... e poniamo fine alla corruzione"
- Lucky Dube
"Molti dei peggiori crimini contro la società non sono punibili per legge".
Anonimo

Commercio non convenzionale e fraudolento, appropriazione indebita o distrazione di fondi, tangenti, sottofatturazione e sovrafatturazione, corruzione, false dichiarazioni, abuso d'ufficio e riscossione di pedaggi illegali, tra le altre pratiche illecite, sono le forme che la corruzione assume in Nigeria. Nel sistema internazionale, la Nigeria è classificata come una delle nazioni più corrotte del mondo, una posizione che ha negato al Paese il suo posto d'onore nel sistema economico internazionale (Transparency International, 2006).

Gli studiosi hanno cercato di classificare la corruzione in varie categorie o tipi. La categorizzazione della corruzione da parte di alcuni di questi studiosi sarà identificata e analizzata.

Waziri (1991) ha classificato la corruzione in grande e piccola, che comprende:

(a) Uso illegale di materiale di cancelleria ufficiale, come buste, fogli, macchine da scrivere, per scopi privati da parte di funzionari pubblici per la corrispondenza dei loro club o associazioni;

(b) Al giorno d'oggi è comune vedere farmaci e altre attrezzature ospedaliere appartenenti al governo utilizzate o vendute liberamente da alcuni operatori degli ospedali statali;

(c) Il dirottamento di manodopera e attrezzature del governo per lavori privati in aziende agricole o cantieri è un evento comune al giorno d'oggi;

(d) Sparizione da uffici governativi durante l'orario d'ufficio per lavori privati;

(e) Uso improprio di veicoli del governo per mansioni diverse da quelle ufficiali.

(f) Comportamento immorale nei confronti di dipendenti e candidati di sesso femminile, con richiesta di sesso prima dell'esame delle domande o del colloquio, o con richiesta di sesso prima della promozione di una dipendente di sesso femminile, ecc.

D'altra parte, la corruzione, come osservato da Waziri, pervade la vita pubblica nigeriana, che coinvolge:

(a) Distruzione dei documenti contrattuali e dei buoni di pagamento, soprattutto nei casi in cui i funzionari ricevono tangenti dai richiedenti o da coloro che intendono favorire. I documenti del contratto vengono distrutti per evitare che i candidati possano ottenere punteggi favorevoli nell'aggiudicazione. A volte, anche dopo la data di scadenza per la presentazione, i candidati favoriti sono autorizzati a presentare nuovi documenti con preventivi di indennità;

(b) L'uso improprio dell'indennità Estacode da parte di funzionari di alto livello del governo è un'altra grande forma di corruzione. Ha aggiunto che i due motivi dell'uso corrotto di Estacode da parte di funzionari di alto livello sono:

Andare in giro per il mondo alla ricerca e al godimento di una vita di agio e di piacere e

ii.   Inflazione di contratti al fine di ricevere una ricompensa per un vantaggio privato.

Da quanto detto sopra la corruzione, grande o piccola che sia, è corruzione e deve essere condannata da tutti.

Odekunle, (1991) identifica cinque tipi di corruzione;

a) La corruzione politica (Grande corruzione) è perpetrata in gran parte dai titolari di cariche politiche e dai loro scagnozzi, consumati principalmente dal desiderio di acquisire o mantenere il potere politico, come ad esempio l'acquisto di voti con atti illegali diretti all'elezione o alla sconfitta di un particolare aspirante o il patrocinio illegale di nomine nel servizio pubblico.

La corruzione politica è l'uso del potere legislativo da parte dei funzionari governativi per un legittimo guadagno privato. L'uso improprio del potere governativo per altri scopi, come la repressione degli oppositori politici e la brutalità generale della polizia, non è considerato corruzione politica. Non sono considerati corruzione politica nemmeno gli atti illegali compiuti da privati o la corruzione non direttamente coinvolta nel governo.

Questa posizione è stata sostenuta da Lopombora (1974), secondo cui gli elementi critici necessari affinché la corruzione politica si manifesti sono, in primo luogo, la separazione tra la sfera pubblica e quella privata e la comprensione che a quest'ultima appartengono diritti, doveri e responsabilità specifici. In secondo luogo, la corruzione politica non esiste a prescindere dalle istituzioni e dai ruoli politici e dagli individui specifici che li occupano. Se uno degli elementi di una transazione non appartiene alla sfera pubblica e non a quella privata, non si può parlare di corruzione politica. In terzo luogo, i funzionari pubblici coinvolti devono comportarsi in modo da violare un dovere e/o una responsabilità, e questo comportamento deve servire a fini privati (cioè non pubblici). Questi fini possono essere associati direttamente al funzionario pubblico o indirettamente alla sua famiglia, ai suoi parenti, ai suoi amici o alle organizzazioni con cui ha rapporti. Il comportamento può essere attivo o passivo; anche l'inazione, quando la situazione richiederebbe un'azione, può essere una forma di corruzione.

Brooks (1970) descrive la corruzione politica come "l'esercizio intenzionale del potere con il motivo di ottenere qualche vantaggio meno direttamente personale". In questo caso, la corruzione politica può essere vista come un atto deliberato di sabotaggio o negligenza di un dovere accettato, di solito per lo Stato (pubblico) o per un uso autorizzato del potere, per un guadagno personale.

Inoltre, uno stato di corruzione politica sfrenata è spesso definito cleptocrazia, che letteralmente significa "governo dei ladri". In questa fase, il livello di corruzione tra i funzionari burocratici o pubblici e i titolari di cariche politiche è al suo apice, per cui i titolari di cariche politiche o pubbliche sono ladri perpetui, perché non fanno altro che dirottare ciò che è destinato all'interesse pubblico verso l'interesse privato. Questo include la confisca di beni pubblici per uso personale e il saccheggio del tesoro dello Stato senza alcun rimorso o timore di essere puniti.

La corruzione politica è l'abuso o l'uso improprio del potere pubblico o governativo per un vantaggio privato illegittimo. È uno sforzo per assicurarsi ricchezza o potere attraverso mezzi illegali per un beneficio privato a spese pubbliche (Aiyede, in Adetula, 2000). La corruzione politica spesso deriva dalla ricerca e dall'avidità di potere, di cui la ricchezza è un aspetto. Per Sen (1999), la corruzione politica implica la violazione delle regole stabilite per ottenere guadagni e profitti personali. Ciò significa che la corruzione politica è orientata al raggiungimento dei propri interessi o del proprio gruppo, che può essere a vantaggio del proprio gruppo etnico, dei propri amici o della propria famiglia, ecc.

Aiyede (2000) identifica come forme di "corruzione politica": corruzione, estorsione, traffico di influenza, frode, appropriazione indebita e nepotismo. Ha aggiunto che la corruzione spesso facilita imprese criminali come il traffico di droga, il riciclaggio di denaro e la prostituzione; ha sostenuto che non è limitata a questi crimini organizzati. Ha inoltre sottolineato che ciò che costituisce pratiche di corruzione varia a seconda del Paese o della giurisdizione. Secondo lui, alcune pratiche di finanziamento politico che sono legali in un Paese possono essere illegali in un altro. In alcuni Paesi, la polizia e i pubblici ministeri hanno un'ampia discrezionalità su chi arrestare e incriminare e il confine tra discrezionalità e corruzione può essere difficile da tracciare. Nei Paesi con una forte politica dei gruppi di interesse, le pratiche che altrove potrebbero facilmente costituire corruzione vengono talvolta santificate come riferimenti ufficiali del gruppo

(Aiyede, in Adetula, 2000).

Per Ojo (2007:108) la corruzione politica è un atto perpetrato in gran parte dai titolari di cariche politiche e dai loro collaboratori, la cui motivazione principale è l'acquisizione o il mantenimento del potere politico, ad esempio attraverso l'acquisto di voti, atti illegali diretti all'elezione o alla sconfitta di un particolare potere o l'uso dell'apparato statale per influenzare le commissioni elettorali al fine di truccare le elezioni a proprio favore, o il patrocinio illegittimo di nomine nella pubblica amministrazione, ecc.

In conclusione, la corruzione politica tende a minare la democrazia e il buon governo e a sua volta scoraggia la responsabilità, la trasparenza e il giusto processo.

(b) La **corruzione economica/commerciale/finanziaria** è un atto perpetrato in gran parte da uomini d'affari e appaltatori direttamente motivati dal guadagno finanziario non solo per gli appaltatori e gli uomini d'affari, ma anche per i politici, le élite militari e gli amministratori, come ad esempio l'elargizione di tangenti o commissioni ai responsabili delle decisioni per i contratti di lavori pubblici. Ciò implica che il 10% pagato per le commissioni ai consulenti dal governo in Nigeria ai vari livelli di governo è un atto di corruzione che è stato legalizzato. È necessario impegnarsi per abolire la concessione del 10% di tutti i contratti governativi ai loro consulenti.

Per Ojo (2007:108) la corruzione economica copre atti che sono in gran parte perpetrati da uomini d'affari e dai loro collaboratori, la cui motivazione principale è il guadagno finanziario non solo per se stessi, ma anche per arricchire i loro alleati politici, i loro sponsor militari o i facilitatori del servizio pubblico che li hanno aiutati a ottenere il contratto.

Aluko (2006) osserva giustamente l'origine, gli obiettivi e le categorie di coloro che sono coinvolti nella corruzione economica e delle vittime della corruzione. Egli afferma che "la corruzione appartiene al dominio dei comportamenti socialmente dannosi, codificati o non codificati. La corruzione è perpetrata principalmente per un guadagno economico e coinvolge una qualche forma di commercio, di industria, di governo o di servizio aziendale. Che la corruzione coinvolge una qualche forma di organizzazione nel senso di un insieme o di un sistema di relazioni più o meno formali tra le parti che commettono gli atti criminali. I principali responsabili della corruzione, in genere ma non necessariamente, hanno uno status sociale, un potere economico e burocratico, o tutti questi elementi. Che ogni categoria socio-economica è adeguatamente rappresentata nel business della corruzione e che le vittime abituali della corruzione sono, direttamente e indirettamente, cittadini comuni/ordinari e consumatori di beni e servizi" (citato in Ojo

2007:108).

Il governo deve assicurarsi che sia necessario intensificare gli sforzi per garantire che le procedure di gara per l'assegnazione dei contratti siano aperte e trasparenti, al fine di creare un terreno di gioco favorevole per tutti gli offerenti previsti.

(c) **La corruzione amministrativa/professionale o burocratica** si riferisce ad atti criminali compiuti da personale amministrativo e professionale di alto livello che abusa della propria posizione e del proprio status professionale per ottenere guadagni privati/materiali e socio-politici, come ad esempio la falsificazione di conti, l'appropriazione indebita di fondi statali, lo spaccio, la dichiarazione dei redditi fraudolenta, la copertura di illeciti professionali, lo spaccio di chilometri ecc. Questo tipo di corruzione è comune tra coloro che si trovano ai livelli più alti della gerarchia organizzativa. Questo tipo di corruzione ha conseguenze negative sul funzionamento dell'organizzazione e sulla personalità di chi la commette. Molto spesso queste pratiche di corruzione non avvengono per caso, ma sono deliberate.

(d) **La corruzione organizzata** si riferisce alle pratiche di corruzione messe in atto dalle élite e dagli agenti di controllo per ottenere benefici finanziari a scapito dei membri del pubblico. Rientrano in questa categoria di corruzione, ad esempio, l'accaparramento di beni di qualsiasi tipo, come i prodotti petroliferi, al fine di provocare una scarsità artificiale, la fissazione dei prezzi, il racket, il contrabbando, il vandalismo, il sabotaggio, le rapine a mano armata, ecc.

(e) **La corruzione della classe operaia** è simile, sotto quasi tutti i punti di vista, a quella amministrativa/professionale, tranne per il fatto che lo status degli autori è diverso: artigiani, fattorini, impiegati, donne del mercato e simili. Per estensione, si tratta di pratiche di corruzione messe in atto da coloro che si trovano al livello più basso di un'organizzazione; di solito si tratta di piccoli furti, come il furto di attrezzature d'ufficio/stazioni per uso personale e simili.

(f) **La corruzione sistemica** è il prodotto del crollo delle norme e dei valori della società, con conseguente declino della decenza, della disciplina e del decoro nella società. La corruzione sistemica può derivare dal marciume delle norme e dei valori sociali, per cui le persone non si vergognano di commettere atti di corruzione. In questa fase la corruzione è vista come uno stile di vita. Ciò può essere attribuito anche alla caduta del livello di istruzione e delle norme sociali e del sistema di valori che ha portato a una scala monumentale di pratiche scorrette agli esami e al racket delle ammissioni, che sono all'ordine del giorno.

L'effetto della corruzione sistemica su qualsiasi nazione è che spesso porta all'indecenza, all'indisciplina, alla mancanza di rispetto, all'atteggiamento antipatriottico dei cittadini e alla decadenza morale. È la "madre" di altri tipi di corruzione. Il panorama economico e politico della Nigeria è pervaso da corruzione e abuso d'ufficio. La Commissione nazionale per la pianificazione ha osservato che: "La corruzione sistemica e i bassi livelli di trasparenza e responsabilità sono stati le principali fonti di fallimento dello sviluppo". Attività illegali come la frode delle tasse anticipate (nota come 419) e il riciclaggio di denaro hanno lacerato il tessuto della società nigeriana" (National Planning Commission, 2005).

La corruzione in Nigeria è sistemica, secondo Gray e Kaufmann (1998), *"dove c'è corruzione sistemica, i valori delle istituzioni e le norme di comportamento sono già stati adattati a un modus operandi di corruzione, con burocrati e altri agenti che seguono gli esempi predatori o addirittura prendono istruzioni dai loro mandanti nell'arena politica".* In una politica di questo tipo, la probabilità di essere scoperti e puniti diminuisce, creando così incentivi all'aumento della corruzione. Questo è esattamente ciò che è accaduto dopo la rivelazione. I militari hanno portato la corruzione ai massimi livelli di sempre. Ironicamente, come già detto, quando hanno preso il potere da governi democraticamente eletti, la corruzione dilagante è stata addotta come giustificazione (Akinseye-George, 2000).

Fagbadebo (2007) ha giustamente osservato che i regimi militari sono stati peggiori di quelli civili per quanto riguarda la corruzione. Questo spiega le ragioni della molteplicità della corruzione e dell'ulteriore decimazione delle risorse e delle potenzialità disponibili per lo sviluppo nazionale. Di conseguenza, le attività politiche hanno assunto una dimensione pericolosa, poiché i concorrenti vedono la loro vittoria come un biglietto per saccheggiare e accumulare ricchezze. Purtroppo, il governo civile insediatosi nel 1999 non è riuscito a compiere alcun passo positivo per recuperare il bottino della guerra del Golfo, nonostante la sua volontà di affrontare la corruzione. Invece, la corruzione continua a crescere e "l'abuso di cariche pubbliche per guadagni privati, unito al nepotismo e alla corruzione, ha ucciso il buon governo".

CAPITOLO SETTE

PRATICHE DI CORRUZIONE IN NIGERIA

"Leggi inapplicabili come il proibizionismo, o il controllo dei prezzi, o la restituzione dei beni di prima necessità, portano invariabilmente a una corruzione diffusa".
-Lapalombara, J.G.
"L'incoscienza e il permissivismo sono il fondamento della corruzione".
"Tante persone si nascondono sotto il baldacchino della religione per commettere peccati inimmaginabili e poi si girano per chiedere il perdono di Dio".
- Ibrahim Jimoh

Le attività che costituiscono corruzione illegale variano a seconda del Paese o della giurisdizione. Alcune pratiche di finanziamento politico che sono legali in un Paese o in una società possono essere illegali in un altro. In alcuni casi, i funzionari governativi hanno poteri ampi o mal definiti, che rendono difficile distinguere tra azioni legali e illegali, soprattutto in Nigeria.

Johnston (2000) sostiene che, in presenza di istituzioni politiche e di mercato deboli, le pratiche illecite possono prosperare; a volte diventano reti politiche e burocratiche strettamente organizzate, protette dalla violenza se necessario. A loro volta, queste reti ostacolano i processi democratici e di mercato e ne minano la credibilità. Laddove la democrazia e la crescita sono deboli, i perdenti della corruzione possono dipendere o essere intimiditi da funzionari e imprenditori corrotti, o semplicemente trovare prudente evitarli (Alam, 1995).

Fagbadebo (2007) afferma che le pratiche di corruzione sono evidenti in Nigeria, che presenta un vero e proprio caso per comprendere la connessione tra corruzione e malessere politico. Ribadu (2006) ha fornito una visione della natura endemica della corruzione in Nigeria, affermando che il periodo tra il 1979 e il 1998 è stato *"il periodo più buio" nella storia dei regimi corrotti nigeriani. L'amministrazione civile del 1979-1983 è stata afflitta da sregolatezza, "sprechi sfrenati, delinquenza politica e coercizione... mancanza di rispetto per lo stato di diritto... saccheggio a volto scoperto e gratuito di fondi pubblici attraverso progetti "elefante bianco"". "I funzionari pubblici corrotti e altri del settore privato hanno invaso la nazione, mascherandosi da capitani d'impresa e mediatori di potere con ricchezze contaminate e rubate, e hanno chiesto al resto di noi di inchinarsi davanti a loro". Il periodo del regime militare è stato patetico. Sotto di loro, la corruzione è diventata l'unico principio guida per la gestione degli affari di Stato. Quel periodo è stato testimone di un'inversione totale e della distruzione di ogni cosa buona del Paese".*

Le seguenti sono classificate come pratiche di corruzione visibili nella maggior parte delle

68

società, compresa la Nigeria.

BRIVIDO

È definito come l'atto di offrire o promettere qualcosa a qualcuno per influenzarlo o persuaderlo a fare qualcosa di sbagliato o ad agire in modo immorale/illegale e irregolare a favore di chi lo offre. A volte viene chiamata con nomi diversi, come "dash", "busta marrone", "kola, kick- back", "chop - chop" ecc. La corruzione nel settore bancario assume la forma di offerte o gratificazioni in denaro ricevute per la concessione di un prestito bancario o per ottenere l'approvazione di un pagamento in valuta estera (Awa, 1991).

Secondo l'articolo 2 della Convenzione penale sulla corruzione dell'Europa, la corruzione è *"la promessa, l'offerta o la concessione da parte di chiunque, direttamente o indirettamente, di un vantaggio indebito (a un pubblico ufficiale per sé o per chiunque altro, affinché agisca o si astenga dall'agire nell'esercizio delle sue funzioni".*

Andvig (2008) osserva giustamente che le transazioni corrotte avvengono principalmente in diadi (due persone). Mentre le forme di corruzione commerciale sono normalmente motivate da ragioni economiche e gli agenti si concentrano sulle ricompense economiche. Ha aggiunto che. È probabile che le transazioni corrotte avvengano in qualche misura in qualsiasi tipo di organizzazione e in qualsiasi momento. Nei Paesi in cui una corruzione estesa caratterizza gran parte dell'apparato pubblico, è probabile che la corruzione abbia luogo in tutti i periodi. Sia nelle organizzazioni governative che in quelle non governative che applicano l'uso attivo della forza come mezzo di influenza, la minaccia della forza è disponibile come incentivo. In situazioni di conflitto, gli agenti che dispongono della forza possono applicarla non solo per scopi pubblici o puramente predatori, ma anche come base per appropriazioni indebite, frodi e transazioni diadiche e corrotte.

La corruzione è una delle pratiche di corruzione più comuni. Sebbene non sia una caratteristica esclusiva della Nigeria, la realtà è che sta gradualmente diventando uno stile di vita o una tradizione. Ubek, (1991) ha giustamente osservato che come si può spiegare una situazione in cui migliaia di auto rubate passano attraverso i nostri confini verso i Paesi vicini con assoluta impurità? Naturalmente, il contrabbando è stato accettato come uno stile di vita. È stato osservato che alcuni uomini e donne della dogana sarebbero in grado di corrompere per entrare in "aree lucrative" del Paese. In effetti, i giovani laureati fanno fatica a entrare nelle dogane. Qualche anno fa, un ministro si è chiesto ad alta voce perché i giovani laureati in scienze e ingegneria volessero entrare in dogana. E ha aggiunto: "Quando due nigeriani hanno una causa, non si preoccupano della bontà del loro caso, ma piuttosto cercano qualcuno che possa "influenzare" il giudice. Anche gli avvocati hanno confermato che i giudici sono effettivamente influenzati".

Inoltre, i docenti e gli insegnanti ricevono denaro dai genitori o dai tutori per offrire l'ammissione ai loro figli. O cosa si potrebbe dire di come gli studenti ottengono i fogli d'esame prima dell'inizio del loro esame? O i genitori/tutori che danno soldi per ottenere i compiti d'esame per i loro figli? O le compagnie multinazionali che bruciano gas in modo indiscriminato, senza alcuna forma di punizione? O gli agenti di sicurezza nigeriani che estorcono denaro agli automobilisti o la polizia che raccoglie denaro per la cauzione, quando è scritto in grassetto. La cauzione è gratuita". È anche sorprendente che i laureati e i loro genitori spesso influenzino i funzionari del Corpo nazionale di servizio per la gioventù affinché i loro figli siano assegnati ai cosiddetti "Stati del succo" o alle aree di servizio preferite? O il modo in cui la maggior parte dei funzionari pubblici, militari e paramilitari vengono promossi o licenziati? Se indagati in modo appropriato, hanno un atomo di corruzione.

CRONISMO

Si tratta della pratica di nominare amici in posizioni o uffici chiave, indipendentemente dalla loro credibilità, qualificazione o idoneità. Il cronismo è una "rete di vecchi ragazzi" in cui i candidati a posizioni ufficiali vengono selezionati solo da una rete sociale chiusa ed esclusiva, come gli ex alunni di determinate istituzioni, invece di nominare i candidati più competenti (Chori, 20 10).

In Nigeria, oggi, è un fenomeno comune vedere le nomine basate sull'appartenenza a un club, su obiettivi politici, sull'affinità religiosa, ecc. Più spesso la credibilità e la qualifica delle persone vengono relegate in secondo piano. Non è più strano, inoltre, che in Nigeria l'ottenimento di un impiego o di una nomina politica avvenga sulla base del "chi conosce chi" o del "chi conosce l'uomo" e che, quindi, coloro che non hanno le connessioni politiche, economiche o sociali non vengano considerati nello schema delle cose. Inoltre, per ottenere la "connessione", gli individui spesso cercano qualsiasi mezzo per avere le connessioni desiderate al fine di ottenere la "connessione" o l'"assistenza" desiderata.

EMBEZZATURA

È l'appropriazione fraudolenta di una proprietà altrui da parte di colui al quale è stata affidata o dalle cui mani è legittimamente giunta attraverso Etuk (1991). È un furto di fondi o proprietà del governo. Include anche l'uso di risorse governative per scopi privati. Chari, (2010). L'appropriazione indebita comporta il saccheggio del tesoro pubblico a fini personali. In questo contesto, il tesoro pubblico implica denaro e proprietà che appartengono al pubblico e che sono destinati a un uso pubblico piuttosto che a un beneficio privato.

In Nigeria, l'appropriazione indebita è spesso associata alla sfera pubblica, quando i funzionari pubblici saccheggiano il tesoro del Paese. Prima dell'istituzione delle agenzie anti-frode, ovvero la Commissione indipendente per le pratiche di corruzione e altri reati connessi (ICPC) e la Commissione per i crimini economici e finanziari (EFCC), il livello di appropriazione indebita nel settore pubblico era allarmante, in quanto gli incaricati politici (funzionari pubblici) vedono le cariche e gli incarichi governativi come un'opportunità per accumulare ricchezza a loro vantaggio. Anche se l'esistenza di queste agenzie anti-frode non ha spaventato alcuni nigeriani corrotti, perché possono facilmente ottenere dal tribunale un'ingiunzione che impedisca alle agenzie anti-frode di perseguirli o che conceda loro un carcere di breve durata per poi godersi i loro bottini.

PEDINAMENTO DELL'INFLUENZA

È l'atto di agire come intermediario tra una persona e un'organizzazione o una persona, al fine di ottenere un favore o un'assistenza con l'obiettivo di ottenere un beneficio, di solito in denaro, per i servizi resi. Con il dovuto rispetto per i lobbisti, alcune attività di lobbying sono di natura corrotta, in particolare quando tali azioni minano l'ordine sociale e politico esistente. Per esempio, alcuni nigeriani spesso fanno da intermediari con i titolari di cariche politiche che, nella maggior parte dei casi, vogliono avere una percentuale o una quota di qualsiasi somma di denaro che viene data al visitatore o all'ospite.

FRODE

La frode è un'azione deliberata con l'intento di alterare la verità per ottenere un guadagno monetario personale. Etuk (1991) ha definito la frode come qualsiasi astuzia, inganno o trucco utilizzato per ingannare o truffare un altro. Include tutti i mezzi che l'ingegno umano può escogitare e che sono impiegati per ottenere un vantaggio attraverso falsi suggerimenti o l'espressione della verità. In Nigeria, i casi di frode sono diffusi in tutti gli aspetti della società nigeriana. Ad esempio, il personale delle banche a volte froda i clienti del loro denaro sul conto. Una donna, nell'agosto 2011, ha falsificato la firma di Dame Patience Jonathan per assicurare un lavoro ai suoi clienti e molti altri casi.

Etuk, (1991:110) identifica due tipi di frode;

La defalcazione comporta l'appropriazione indebita di beni aziendali da parte di dipendenti e funzionari dell'azienda. Comporta la confisca di beni fisici o di denaro contante. Si tratta di un furto di beni aziendali da parte del dipendente.

Falsificazione dei bilanci: comporta l'emissione di bilanci che presentano una falsa valutazione dei conti da parte del management, ed è diretta contro gli azionisti, i creditori, il governo e il pubblico in generale. I bilanci falsi o fuorvianti spesso comportano furti di titoli che vengono deliberatamente sottostimati per ridurre l'imposta sul reddito. Etuk, inoltre, sostiene che entrambi i tipi di frode possono essere combinati, ovvero il furto di beni può essere combinato con una sovrastima dei beni nel tentativo di nascondere la defalcazione.

Etuk (1991) ha identificato i seguenti tipi comuni di frode bancaria:

(a) Furto di contante dal cliente da parte del personale della banca

(b) falsificazione della firma del cliente con l'intento di

(c) Frodi contabili mediante l'uso di assegni falsi;

(d) Trasferimento illegale non autorizzato di fondi dal conto di un cliente al conto di un truffatore collaboratore, con la connivenza del personale della banca collaboratrice;

(e) Apertura e gestione di conti fittizi sui quali è stato possibile effettuare trasferimenti illegali e creare falsi saldi di credito, per poi ritirarli in modo fraudolento.

(f) Prestiti a mutuatari fittizi effettuati tramite conti fittizi aperti presso una filiale;

(g) concedere prestiti senza adeguate informazioni e garanzie da parte dei mutuatari o concedere prestiti con la piena consapevolezza che il prestito non sarà rimborsato.

(h.) Soppressione degli assegni da parte di personale infedele per consentire alla banca presentatrice di fornire automaticamente l'accredito e il valore al momento della compensazione dopo il periodo legale consentito di 5 giorni per gli assegni locali e di 21 giorni per gli assegni interstatali ai sensi delle nuove norme sul sistema di compensazione (anche se oggi i tempi sono notevolmente cambiati).

(i) Abuso di valuta estera;

(j) Utilizzo della consulenza sui crediti esteri della Banca centrale;

(k) Sostituzione del modulo di presentazione della Banca centrale per la compensazione degli assegni;

(I) Stampa di libretti di assegni al fine di concordare con il truffatore; intercettazione e commutazione di messaggi telex per il trasferimento di fondi.

Inoltre, in Nigeria si verificano diverse frodi informatiche, in cui i truffatori accedono a informazioni vitali (documenti) di banche e altre istituzioni finanziarie.

Etuk (1991) osserva che i contabili e i revisori al servizio del settore privato sono noti per manipolare i conti, l'organizzazione aziendale e le diverse serie di conti possono essere preparate per essere presentate alla banca al fine di ottenere un prestito bancario. In questo caso, l'azienda può avere bisogno di mostrare un profitto.

Fondamentalmente, la maggior parte dei politici nigeriani, che hanno fallito nel fornire un buon governo ai cittadini, spesso si ritrovano ad assegnare o influenzare l'assegnazione di contratti ad appaltatori che non possiedono la necessaria capacità esecutiva, e a pagarli prima che il lavoro sia finito, con il risultato di progetti abbandonati o di lavori di scarsa qualità. La scelta o l'influenza di progetti in località non favorite dalla relazione di fattibilità, con il risultato che i progetti non vengono portati a termine e non vengono utilizzati. Inoltre, l'influenza, la nomina e la promozione di persone non qualificate e incompetenti nei ministeri e negli enti parastatali o nelle agenzie governative su base politica, fanno sì che tali attività siano in perdita per la nazione e influenzano le variazioni dei contratti (ibidem).

Inoltre, negli ultimi tempi, le società multinazionali hanno causato gravi danni all'economia nigeriana attraverso la predisposizione di fatture a prezzi eccessivi da inviare in Nigeria da molti Paesi sviluppati, per conto delle loro organizzazioni. Altri modi sono: trasferire enormi somme di denaro nel loro Paese d'origine senza ricevere merci in cambio. I pagamenti delle controstallie sulle spedizioni vengono deliberatamente ritardati o falsamente dichiarati con la connivenza dei funzionari portuali, il bunkeraggio illegale del greggio, il commercio di licenze d'importazione, l'accaparramento di beni essenziali, il contrabbando di prodotti fuori dalla Nigeria, illegalmente, e il contrabbando di altri prodotti, con la connivenza dei funzionari doganali, il traffico di droga e il traffico illegale di valuta (ibidem).

Inoltre, i dipendenti pubblici e civili dei ministeri, delle agenzie e degli enti parastatali in Nigeria, soprattutto quelli corrotti, sono spesso colpevoli delle seguenti frodi, come giustamente osservato da Etuk (1991):

(a) Non versare le entrate alla Banca centrale, ma presentare al sottocontabile dei falsi cassieri, con la connivenza del personale della Banca centrale.

(b) rilasciare a imprenditori e produttori ricevute per tasse e dazi "pagati" con assegni notoriamente non supportati da contanti e trattenere l'assegno fino a diverso avviso del traente.

(c) Rilasciare al pagatore ricevute originali per l'importo corretto del contante offerto, alterare la ricevuta in controfoglio per leggere un importo inferiore e appropriarsi indebitamente della differenza.

(d) Stampa ed emissione non autorizzata di false "ricevute ufficiali" da parte degli esattori presso gli uffici di rilascio delle licenze, i caselli autostradali, i tribunali, ecc. e appropriazione indebita degli importi riscossi.

(e) Non preparare correttamente i prospetti di riconciliazione bancaria per un motivo o per l'altro.

(f) Rilascio di certificati di valutazione provvisori o di completamento per lavori ancora da eseguire, con conseguente pagamento all'appaltatore sulla base del certificato falso, per nessun lavoro svolto.

(g) Accettare in un contratto di fornitura merce inferiore a quella ordinata, o presentare documenti falsi per "dimostrare" che la merce è stata ricevuta, mentre non è stata fornita.

(h) Conversione di beni forniti per uso privato.

(I) pagare stipendi a lavoratori inesistenti".

Ha aggiunto che, nelle aziende parastatali e di proprietà del governo, il personale a volte pensa di essere libero dalle "pastoie burocratiche presenti nei ministeri", e quindi ha la licenza di ignorare le linee guida del controllo interno del governo stabilite nei regolamenti finanziari. Pertanto, si prendono la libertà di commettere i seguenti reati dei colletti bianchi, che comprendono:

(a) rottamazione di apparecchiature utilizzabili e pensanti, come motori, generatori, macchinari, ecc. e loro vendita a prezzi ridicolmente bassi.

(b) Vendendo la maggior parte dei prodotti fabbricati dalle aziende governative o parastatali a se stessi o ai loro rappresentanti, al di sotto del prezzo di costo, con conseguente perdita lorda, in attività che avrebbero dovuto generare un alto tasso di profitto.

(c) Distribuire gratuitamente a se stessi i manufatti dei loro parastatali, con conseguente perdita lorda.

(d) Investire ingenti saldi bancari in conti che fruttano interessi e non accreditare gli interessi all'azienda.

(e) Mostrare il denaro contante come trasferito e in transito da una stazione all'altra per un periodo molto lungo, mentre il denaro contante viene utilizzato privatamente, per guadagnare interessi sul conto di deposito da qualche parte, con la connivenza del personale della banca.

(f) concessione di "anticipi" illegali e indebitamente elevati al personale senza recupero, fino a quando il personale "muore" o "lascia il servizio".

Tutti questi atti di frode sono visibili nelle strutture pubbliche e private della Nigeria; pertanto è necessario adottare misure urgenti per mitigare queste brutte tendenze di frode.

GRATIFICAZIONE

Deriva dalla parola latina "gratificari" che significa "fare un favore a". (Collins English

Dictionary: 8th Edition 2006). La gratificazione è l'atto di gratificare o lo stato di essere gratificati o qualcosa che gratifica. Gratificare significa soddisfare o compiacere, cedere o assecondare.

La sezione 2 dell'ICPC Act interpreta il termine "gratificazione" come:

(a)   Denaro, donazione, regalo, prestito, compenso, ricompensa, garanzia di valore, proprietà o interesse nella proprietà, sia essa mobile o immobile, o qualsiasi altro vantaggio simile dato o promesso a qualsiasi persona con l'intento di influenzarla nell'adempimento o nel mancato adempimento dei suoi doveri;

(b)   Qualsiasi carica, dignità, impiego, contratto di abilitazione o di servizi e qualsiasi accordo per dare impiego o prestare servizi a qualsiasi titolo;

(c)   Qualsiasi pagamento, liberazione, scarico o liquidazione di qualsiasi prestito, obbligazione o altra passività, in tutto o in parte;

(d)   Qualsiasi corrispettivo di valore di qualsiasi tipo, qualsiasi sconto, commissione, abbuono, detrazione o percentuale;

(e)   qualsiasi divieto di richiedere denaro o valore o cosa di valore;

(f)   qualsiasi altro servizio o favore di qualsiasi natura, come la protezione per qualsiasi sanzione o invalidità subita o temuta o la forma di qualsiasi azione o procedimento di natura disciplinare, civile o penale, già avviato o meno, e compreso l'esercizio o la rinuncia all'esercizio di qualsiasi diritto o di qualsiasi potere o dovere ufficiale; e

(g)   Qualsiasi offerta, impegno o promessa, condizionata o incondizionata, di una gratificazione che rientri nell'ambito delle procedure di cui alle lettere da (a) a (f) (Chukkal, (2009).

La legge ICPC ci offre un ampio spettro di pratiche di corruzione, che sono visibili nelle istituzioni governative e private in Nigeria. In questo contesto, la gratificazione viene utilizzata come concetto ombrello per la corruzione.

VIAGGIO / TROTTO GLOBALE

Junket deriva dalla parola latina "Juncus" (Collins English Dictionary 8a edizione 2006). Si tratta di un aspetto della corruzione "politica" per cui i funzionari governativi si imbarcano in tour o escursioni, soprattutto di piacere, a spese pubbliche.

Dal ritorno della Nigeria al regime democratico, il 29 maggio 1999, il tasso di junketing è in aumento, in quanto i funzionari governativi e i titolari di cariche politiche si recano all'estero per "incarichi non ufficiali", mascherati da incarichi ufficiali o per attirare investitori stranieri, il che, come tutti sappiamo, ha prodotto risultati scarsi o nulli, favorendo piuttosto il riciclaggio di denaro. Molti titolari di cariche politiche, in particolare governatori di Stati, senatori, membri della Camera dei Rappresentanti, delle Assemblee degli Stati, funzionari giudiziari e loro familiari, sono stati accusati e alcuni denunciati per riciclaggio di denaro, il che ha distrutto l'immagine del Paese.

Tuttavia, dovrebbero essere emanate leggi che regolino gli spostamenti dei funzionari governativi al di fuori del Paese, se non per gravi motivi di salute; non dovrebbero essere autorizzati a lasciare il Paese per qualsiasi motivo. Se un funzionario pubblico deve lasciare il Paese per motivi di salute, un medico certificato deve essere in grado di certificare che la struttura o il farmaco per il disturbo non sono disponibili nel Paese.

CHLEPTOCRACIA

Kleptocrazia significa letteralmente "governo dei ladri". È uno stato di corruzione politica sfrenata. La Nigeria è una delle nazioni in cui coloro che hanno rubato dal tesoro pubblico ricevono nomine, titoli di capo tribù, vengono rieletti o eletti a seconda dei casi. Si è arrivati al punto che più uno ruba dal tesoro pubblico, più viene celebrato.

Inoltre, alcuni settori dei cittadini nigeriani spesso attaccano le agenzie anti-frode nell'esercizio delle loro funzioni, il che dimostra che alcuni nigeriani sono soddisfatti della natura esacerbata della cleptocrazia in Nigeria sulla base del fatto che il loro "figlio" non è corrotto. Questa affermazione è stata giustamente osservata da Chobi, (2010) che ha citato il primate della Chiesa anglicana in Nigeria in un articolo del Guardian Newspaper di domenica 4 aprile 2010 sulla natura della corruzione in Nigeria: "Se prendi tutto e corri dalla tua tribù, non importa quanto tu sia stato cattivo, ti diranno che sei un figlio illustre, che sei un grande uomo della tribù. Poi accuseranno la Commissione per i crimini economici e finanziari (EFCC) e la Commissione indipendente per le pratiche di corruzione e altri reati (ICPC) di perseguitarti. Non possiamo svilupparci in questo modo.

Tuttavia, i nigeriani devono essere all'altezza della sfida, assicurandosi che i politici o gli individui che in un momento o nell'altro si sono resi colpevoli di una o dell'altra pratica di corruzione non vengano eletti, rieletti o nominati in nessuna carica.

In conclusione, le persone con un carattere impeccabile dovrebbero essere investite della responsabilità di governare la Nigeria.

NEPOTISMO

È l'atto di mostrare favoritismi ai propri familiari o parenti stretti o estesi, anche quando l'individuo non è qualificato o è incompetente. In Nigeria, alcuni individui hanno trasformato le cariche pubbliche in una dinastia. Tendono a considerare gli altri nigeriani come incompetenti. Questo comportamento è spesso incoraggiato quando alcuni nigeriani salgono al vertice come funzionari amministrativi o esecutivi, e tendono a creare una via per la successione di un membro della loro famiglia, nella maggior parte dei casi i loro figli o parenti, trasformando così l'ufficio pubblico in una dinastia destinata alla loro famiglia.

In conclusione, il nepotismo è un tarlo che deve essere affrontato a tutti i livelli, se si vuole che la società si sviluppi in tutte le sue ramificazioni.

TRIBALISMO

Il tribalismo è l'atto di dare o concedere vantaggi indebiti a un gruppo di individui a causa della loro affinità etnica o linguistica. Significa mostrare favore a un individuo o a un gruppo di individui per il fatto di appartenere a un particolare gruppo etnico o di avere una lingua comune. Tribalismo è sinonimo di etnicità. Il tribalismo o l'etnicità è uno dei principali vermi che hanno corroso profondamente il tessuto dei nigeriani; di conseguenza, occorre fare molto per ridurlo e, se possibile, sradicarlo.

Tuttavia, è un fenomeno comune vedere le istituzioni pubbliche dominate da un particolare gruppo etnico. Ci si potrebbe chiedere che fine abbia fatto il principio del carattere federale che si applica all'assunzione nelle istituzioni pubbliche in Nigeria. Di fatto, il governo a tutti i livelli deve impegnarsi a raccogliere i dati del personale in tutte le sue istituzioni per affrontare la questione della dominanza di un particolare gruppo etnico, in modo da "riflettere il principio ideale del carattere federale".

SORRISO

Si tratta di un atto illegale di spostamento di beni e servizi attraverso le frontiere o i confini nazionali per eludere il pagamento dei dazi doganali o evitare le leggi su tali beni e servizi. Le attività di contrabbando sono talvolta condotte con l'aiuto delle forze dell'ordine, che spesso vengono corrotte e talvolta accompagnano i contrabbandieri per evitare qualsiasi disturbo da parte di altre agenzie di sicurezza. Negli ultimi tempi, le auto vengono contrabbandate nei Paesi limitrofi e ridisegnate per poi essere rivendute ai nigeriani. Inoltre, i prodotti petroliferi vengono spesso rubati e portati all'estero per essere raffinati in Nigeria e in molti altri casi di contrabbando.

FALSIFICAZIONE E CONTRAFFAZIONE

La falsificazione e la contraffazione sono l'atto di imitare documenti originali o genuini. In Nigeria, i casi di falsificazione e contraffazione vanno dal denaro, ai certificati, ai visti, ai passaporti internazionali, alle firme, ecc. Non è più una novità vedere alcuni nigeriani che, spinti dalla disperazione, falsificano documenti per raggiungere una determinata posizione. L'ex presidente della Camera dei Rappresentanti, Salisu Buhari, è stato accusato di aver falsificato un certificato dell'Università di Toronto, in Canada, il che ha portato al suo impeachment come presidente della Camera dei Rappresentanti.

ESTORSIONE

È un atto che prevede l'uso della forza, dell'intimidazione o della minaccia di violenza per infliggere un danno a qualcuno se non si adegua. L'obiettivo è quello di ottenere denaro, proprietà o servizi dalla vittima di tale atto. In Nigeria, non è più strano sentire di agenti di sicurezza sulle autostrade nigeriane che estorcono denaro agli automobilisti e in alcuni casi li uccidono per non aver rispettato le regole.

FRODI A PAGAMENTO AVANZATE (TRUFFE SU INTERNET)

È l'uso dei servizi Internet, di solito attraverso messaggi e testi, per frodare un'altra persona. Si tratta di utilizzare Internet (come mezzo di comunicazione) per frodare un individuo. Gli autori di questo atto spesso forniscono false informazioni alle loro vittime promettendo di fornire o rendere un certo servizio sotto un falso libello sconosciuto alle loro vittime, che alla fine accettano la loro offerta, e con loro sgomento rimangono deluse.

È opportuno notare che la frode delle commissioni anticipate prevede l'uso delle moderne tecnologie dell'informazione e della comunicazione, come computer, telefoni cellulari, ecc. per inviare messaggi falsi a persone che a volte diventano vittime di questo inganno.

PIRATERIA

Si tratta dell'atto di registrare, copiare o duplicare un'opera altrui senza la preventiva conoscenza o autorizzazione del proprietario. In Nigeria, a causa delle attività dei pirati, è stata istituita la Commissione per il diritto d'autore, insieme alla Commissione per il censimento di film e video, per controllare le attività dei pirati nel Paese. Nel corso degli anni, in Nigeria gli artisti dello spettacolo, gli artisti non professionisti, gli scrittori e gli artisti creativi hanno chiesto a gran voce che venisse messa in atto la scellerata attività dei pirati. Tuttavia, il governo nigeriano a tutti i livelli deve intensificare gli sforzi per combattere la pirateria in Nigeria e salvare la nazione dalle mani dei sabotatori.

TRAFFICO

La tratta è un atto di commercio di beni o servizi vietati o limitati dalla legge. È anche il commercio illegale o l'indulgere in attività che non sono normalmente consentite dalla legge e che attirano pene severe. Il traffico di droga in Nigeria ha assunto due forme: Traffico di droga e traffico di esseri umani.

Il traffico di droga riguarda il traffico di droghe come la cocaina, l'eroina, la sativa canadese, ecc. Il traffico di esseri umani è talvolta chiamato "commercio moderno di schiavi". Si tratta di traffico di persone. Questo può avvenire all'interno o al di là dei confini nazionali. In generale, il ruolo dell'Agenzia nazionale per il controllo del traffico di persone (NACTIP) nella lotta contro il traffico di persone dovrebbe essere rafforzato dai servizi doganali e di immigrazione nigeriani e da altri operatori della sicurezza, al fine di controllare l'afflusso di merci e immigrati di contrabbando.

ADULTERAZIONE

Si tratta dell'atto di replicare o duplicare prodotti originari, di solito di bassa qualità e spesso dannosi. L'adulterazione di prodotti locali o stranieri è molto diffusa in Nigeria, soprattutto nel settore dei farmaci, delle bevande, dei prodotti petroliferi e dell'industria alimentare. Nel corso degli anni, in Nigeria, l'Agenzia nazionale per l'amministrazione e il controllo dei farmaci alimentari (NAFDAC) è stata in prima linea contro la contraffazione e l'adulterazione di farmaci e prodotti alimentari.

Nonostante gli enormi sforzi compiuti dalla NAFDAC, alcuni individui non patriottici lavorano instancabilmente per vanificare gli sforzi di questa agenzia; ciò rappresenta un chiaro caso di corruzione, poiché a volte questi cittadini non patriottici attaccano i funzionari dell'Agenzia Nazionale per l'Amministrazione e il Controllo degli Alimenti e dei Medicinali (NAFDAC) nel corso dello svolgimento dei loro legittimi compiti. In linea di massima, la NAFDAC dovrebbe ridisegnare le proprie strategie nella lotta alla contraffazione e all'adulterazione dei prodotti farmaceutici e alimentari in Nigeria. L'introduzione di una tecnologia all'avanguardia è lodevole.

PLAGIARISMO

Il plagio è un furto accademico. Si tratta dell'atto di replicare o duplicare un lavoro o un testo scritto altrui senza riconoscere il proprietario del lavoro o del testo. Il plagio è un fenomeno comune nell'ambiente accademico. Molti scrittori sono colpevoli di plagiare il lavoro altrui senza un riconoscimento formale dello scrittore. Il plagio è un atto di corruzione. Infine, il governo e gli educatori dovrebbero fare tutto il possibile per sradicare e scoraggiare qualsiasi atto di plagio, poiché non è altro che un sabotaggio intellettuale.

FURTO/RAPINA

Il termine "furto" è usato in modo intercambiabile con "rubare". Il furto è l'atto di prendere, spostare o essere in possesso di beni o servizi altrui senza il permesso del legittimo proprietario. Furto può anche significare un atto di sottrazione.

CONTRIBUTI POLITICI IMPROPRI

Si tratta di pagamenti effettuati per influenzare indebitamente le attività presenti o future di un partito o dei suoi membri una volta al potere. Il Nigerian Anti-corruption Volunteer Corps (NAVC) Manual & Training Guide afferma che i contributi politici impropri si hanno quando "Una decisione presa perché il donatore sostiene il partito e desidera aumentare le sue possibilità di essere eletto non è corrotta; può essere una parte importante dell'attività politica protetta dalla Costituzione. Una donazione fatta con l'intenzione o l'aspettativa che il partito, una volta in carica, favorisca gli interessi del donatore rispetto agli interessi del pubblico equivale al pagamento di una tangente".

Prima delle elezioni generali del 2015, il PDP ha organizzato una cena di raccolta fondi per generare fondi per la campagna del presidente Goodluck Jonathan sotto la guida del professor Jerry Gana, che ha sbloccato oltre 36 miliardi di dollari per la sua campagna. Un'analisi critica di questa situazione mostrerà che il motivo alla base di queste donazioni è quello di assicurarsi un contratto quando il presidente Jonathan emergerà alla fine come presidente o di ottenere una nomina o di coprire i loro affari sporchi.

DEPOSITO DI DENARO

È il processo di occultamento della fonte del denaro ottenuto con mezzi illeciti. È anche un atto illegale volto a nascondere la fonte o l'uso di fondi illeciti, convertendo il denaro contante in transazioni bancarie non tracciabili" (Osinbajo & Ajayi 1991). La maggior parte dei titolari di cariche pubbliche, dei loro familiari e dei collaboratori che si recano all'estero per sottoporsi a cure mediche, spesso si dedicano al riciclaggio di denaro. La Nigeria ha perso miliardi di naira a causa della fuga di capitali e del riciclaggio di denaro all'estero.

Tra il 1999 e il 2005, il rapporto di Global Witness ha riferito che alcune banche britanniche hanno facilitato il riciclaggio di denaro per due ex governatori nigeriani, DSP Alamieyeseigha dello Stato di Bayelsa e Chief Joshua Chibi Dariye dello Stato di Plateau, nonché per il defunto generale Sani Abacha, di miliardi di dollari verso il Regno Unito (in Osumah e Aghedo, 2013 citato in Momoh, 2015).

Si stima che la Nigeria abbia perso 400 miliardi di dollari a causa della corruzione in 33 anni (www.thisdaylive.com in Momoh, 2015). Ad esempio, tra il 2003 e il 2012, la Nigeria si è classificata al 10° posto[th] con un cumulo di 157,46 miliardi di dollari di deflussi di capitali illeciti da parte della Global Financial Integrity, che l'organizzazione ha attribuito alla fatturazione errata delle transazioni commerciali.

BUNKERAGGIO DI GREGGIO/FURTO DI PETROLIO

Si tratta di un atto di sottrazione illegale di prodotti petroliferi da un impianto o da una condotta petrolifera. Nel 2013 la Shell BP ha scoperto che la Nigeria perde annualmente

1.600 miliardi di dollari a causa del furto di petrolio. Si tratta di un atto di sabotaggio economico. Il governo deve affrontare la sfida criminalizzando l'atto di vandalismo, perché se l'importo perso annualmente viene utilizzato in modo appropriato, la nazione potrà affrontare alcuni dei problemi socio-economici che la affliggono.

CAPITOLO 8

AREE DI CORRUZIONE IN NIGERIA

"Nessuno vive isolato dalla corruzione in Nigeria. O si è 'infettati' dalla corruzione o si è 'colpiti' da essa".
"A causa dei cambiamenti di tendenza nella politica nigeriana, alcune persone non sono più risorse politiche ma passività politiche, creando più problemi che soluzioni".
-Aliyu Yahaya

La corruzione ha luogo ovunque nella governance, non è limitata a un particolare ramo del governo, sia esso il legislativo, l'esecutivo o il giudiziario o a livello di governo federale, statale e locale in Nigeria. Fagbadebo (2007) afferma che la corruzione nel governo non può essere un'azione unilaterale. Pertanto, la corruzione si manifesta in tutti gli aspetti delle attività governative: contratti, assegnazione di benefici, riscossione di entrate pubbliche e pronunciamenti giudiziari. I funzionari coinvolti nello svolgimento di questi compiti partecipano, in una fase o nell'altra, all'abuso dei processi. Dike in Fagbadebo (2007) sostiene che la corruzione è una funzione della grande disuguaglianza nella distribuzione della ricchezza, della percezione che le cariche politiche siano il mezzo principale per accedere alla ricchezza, dei conflitti tra codici morali mutevoli, della debolezza dei meccanismi di applicazione sociale e governativa e della mancanza di un forte senso di comunità nazionale.

Tuttavia, la corruzione, a qualsiasi livello, è spesso aggravata dal fatto che le persone entrano in politica con motivazioni sbagliate, soprattutto per accumulare ricchezza e influenza. Si tratta di un'idea sbagliata di cosa sia la governance. In Nigeria, la ricchezza non è una strada per l'influenza politica, ma la carica politica è stata una strada per la ricchezza. La relazione storica tra potere politico ed economico in Nigeria ha fatto sì che la carica politica sia per coloro che cercano la ricchezza, ma non per coloro che la cercano come fine a se stessa.

Al contrario, la maggior parte dei nigeriani percepisce la politica come una via per accumulare ricchezza, in breve, una via per l'accumulo di capitale primitivo. Questo ha peggiorato il livello di corruzione politica in Nigeria, perché la classe politica non ha a cuore l'interesse della nazione, ma piuttosto i propri interessi personali. Questa brutta tendenza si ripete a tutti i livelli di governo in Nigeria.

Transparency International (2007) afferma che un risultato molto interessante è stato quello di 20 workshop svoltisi nel novembre/dicembre 2003, in cui le organizzazioni della società civile, i media, il settore privato e altre parti interessate hanno partecipato a un dibattito aperto sui risultati delle tre indagini, organizzato dalla Commissione

82

indipendente per le pratiche di corruzione e altri reati connessi (ICPC) e dalla coalizione Zero corruption. I partecipanti ai workshop non hanno condiviso le conclusioni secondo cui la polizia è il servizio pubblico più corrotto; hanno invece indicato la Presidenza, seguita dall'Assemblea nazionale, come le istituzioni più corrotte. È in questo contesto che identificheremo le aree di corruzione politica in Nigeria.

LEGISLATURA

È pertinente capire che il potere legislativo in Nigeria è chiamato Assemblea nazionale, composta da due Camere: Il Senato (Camera alta) e la Camera dei rappresentanti (Camera bassa), mentre a livello statale si chiama Camera dell'Assemblea con una sola camera. Inoltre, l'Assemblea nazionale svolge tre ampie funzioni: legiferare, rappresentare e controllare. Tuttavia, l'Assemblea nazionale (Senato e Rappresentanti) è divisa in commissioni e ogni membro di una commissione fa parte di altre commissioni, il che rende indispensabile che ogni membro sia a capo di una commissione o ne faccia le veci.

Inoltre, i principali funzionari della Camera del Senato (Camera Alta) sono i seguenti: Presidente del Senato, Vice Presidente del Senato, Leader del Senato, Capogruppo del Senato, Vice Leader del Senato, Vice Capogruppo del Senato, Leader della maggioranza del Senato, Leader della minoranza del Senato, Vice Leader della minoranza del Senato e Vice Capogruppo della minoranza del Senato. Mentre alla Camera dei rappresentanti (Camera bassa) sono presenti: Il Presidente della Camera dei Rappresentanti, il Vice Presidente della Camera dei Rappresentanti, il Leader della Camera, il Vice Leader della Camera, il Capogruppo, il Vice Capogruppo, il Vice Leader della Maggioranza e il Vice Leader della Minoranza.

In Nigeria, l'Assemblea nazionale è stata percepita come debole, tanto che, considerando il dominio del Presidente in un sistema di governo presidenziale in cui il Presidente è il leader nazionale del suo partito a livello centrale e i Governatori degli Stati, i leader statali del loro partito, è diventato imperativo per il braccio esecutivo del governo (Presidente, Governatori) manipolare il braccio legislativo del governo al rispettivo livello di governo. Anche la nomina del capo della Giustizia a livello federale e statale, su raccomandazione della Commissione per il servizio giudiziario, esercita un forte potere sull'esecutivo (Presidente e Governatori).

La debolezza dell'Assemblea nazionale ha spinto il Presidente a manipolare l'Assemblea stessa. Ad esempio, durante il tentativo del presidente Olusegun Obasanjo di allungare il suo mandato oltre i due mandati previsti dalla costituzione, la sezione 137 (b) della costituzione nigeriana del 1999, emendata nel 2011, stabilisce che "una persona non è qualificata per l'elezione alla carica di presidente se è stata eletta a tale carica in due precedenti elezioni". La sezione 9(4) della Costituzione del 1999 stabilisce le condizioni in base alle quali qualsiasi sezione della Costituzione del 1999 può essere emendata o modificata. Qualsiasi modifica delle disposizioni della Costituzione, ad eccezione della sezione 8, relativa alla creazione di Stati, richiede che tali modifiche siano sostenute da una risoluzione delle Camere dell'Assemblea di non meno di due terzi di tutti gli Stati. Cioè è necessario che ventiquattro dei trentasei Stati votino a maggioranza semplice a favore di tale alterazione".

Tuttavia, in un sondaggio condotto a livello nazionale e pubblicato dal quotidiano Guardian, circa l'80% degli intervistati voleva che il Presidente Obasanjo e i governatori lasciassero il loro incarico nel 2007 Oluwajuyitan (2005). Circa il 91% degli intervistati proveniva dallo Stato di Ogun, lo Stato di origine del Presidente Obasanjo, che si opponeva a qualsiasi modifica costituzionale che permettesse al Presidente Obasanjo e ai governatori di rimanere oltre il 2007. L'opposizione al prolungamento del mandato del Presidente Obasanjo si è poi diffusa in tutto il Paese. La deviazione standard calcolata dai dati pubblicati è stata del 7,0%. L'opposizione al prolungamento del mandato non ha avuto sfumature etniche o religiose (Third Term Agenda to be or not)

È pertinente notare che in tutti questi casi, alcuni membri delle Camere dell'Assemblea sono stati utilizzati per sostenere la candidatura al terzo mandato, in particolare l'ex vicepresidente del Senato Alhaji Ibrahim Mantu, che ha presieduto il Comitato per gli emendamenti costituzionali. Si ritiene inoltre che il presidente Obasanjo abbia istituito in fretta e furia la Conferenza nazionale per le riforme politiche nel 2005, con la forte aspettativa che la conferenza servisse da base per la sua approvazione e possibilmente per modificare la disposizione della sezione 137 (b) della Costituzione del 1999, al fine di allungare il suo mandato, ma è rimasto molto deluso quando le sue richieste sono state respinte dai nigeriani, che hanno rifiutato tale offerta (ibidem).

Inoltre, per consolidare la candidatura al terzo mandato, si è scoperto che alla Camera dei Rappresentanti sono stati trovati 70 milioni di euro provenienti dalla Presidenza per corrompere i membri della Camera dei Rappresentanti, al fine di facilitare la candidatura al terzo mandato del Presidente Olusegun Obasanjo. La Commissione per il crimine economico e finanziario (EFCC), sotto la guida di Mallam Nuhu Ribadu, non ha indagato sul caso. Questo non ha dato un'immagine positiva della crociata anticorruzione dell'amministrazione Obasanjo (ibidem).

Uno scienziato politico, Lester Milbrath, conclude che ben poche delle attività che chiamiamo di lobbying comportano corruzione. "La maggior parte dei lobbisti", scrive, "è consapevole che la propria professione attrae alcuni individui corrotti e si rammarica di questa macchia sulla propria reputazione collettiva". Milbrath suggerisce che sia le norme giuridiche che regolano l'attività di lobbying lavorano per mantenere questa attività più pulita di quanto non fosse un tempo. Lo studio di Milbrath è stato osservato da Lapalombara (1974), secondo cui questo comportamento legislativo può essere qualificato come un atto di corruzione.

Inoltre, in alcuni casi i membri dell'Assemblea Nazionale si lasciano andare a pratiche di corruzione, soprattutto quando non forniscono un resoconto adeguato durante le loro funzioni di supervisione, al fine di accertare il livello di attuazione delle politiche dei progetti assegnati, il più delle volte i legislatori non forniscono un resoconto della corretta valutazione dello stato dei lavori svolti dagli appaltatori. Questo ha portato a "progetti abbandonati" o "progetti elefantiaci" abbandonati in tutto il Paese.

In Nigeria, non è più una novità che gli appaltatori abbiano incassato il capitale di partenza e non vadano in cantiere per lavorare; e non si fa nulla fino alla fine di questa amministrazione. La domanda che ci si può porre è: cosa è successo ai legislatori, in particolare alla commissione incaricata del settore? Perché i legislatori approvano i fondi per un progetto e non controllano che tali fondi siano usati con giudizio? Tutto ciò è dovuto al lassismo di alcuni legislatori nei loro compiti. In alcuni casi, se i legislatori si sono imbarcati in questo tipo di visione eccessiva, non forniscono un resoconto accurato sullo stato dei lavori svolti, ma piuttosto danno ai cittadini la falsa speranza che l'appaltatore o gli appaltatori stiano lavorando duramente per completare il progetto.

I legislatori si abbandonano anche a un atto di ostruzionismo (si tratta di un atto deliberato da parte dei legislatori per ritardare tatticamente l'approvazione di una legge). In Nigeria, l'ostruzionismo è stato utilizzato per ritardare l'approvazione di progetti di legge che non sono vantaggiosi per i legislatori; ad esempio, il progetto di legge sulla libertà di informazione (FIB), promosso dall'onorevole Abike Dabiri, è stato rinviato alla fine della sesta sessione legislativa per cercare di esaminare il progetto di legge e consentire i contributi. Mentre gran parte della Nigeria lo sapeva, la legge è stata ritardata perché renderà i funzionari pubblici responsabili nei confronti del popolo in qualsiasi momento. Il filibuster è usato nell'Assemblea Nazionale, è stato usato per "scrutinare" o consentire "contributi pubblici", ma le questioni di importanza urgente sono ritardate nella maggior parte dei casi per motivi egoistici.

Inoltre, nel 2003, l'ex Ministro delle F.C.T. Mallam Nasir El Rufai ha affermato che alcuni membri del Senato, guidati dall'allora Vice Presidente del Senato Alhaji Ibrahim Mantu, hanno chiesto 50 milioni di naira come condizione per la conferma della posizione ministeriale per la quale era stato nominato (Punxh, 2005) (Fashagba, 2009:444). Allo stesso modo, nel 2005 c'è stato lo scandalo dei "soldi per il bilancio gonfiato" che ha portato alle dimissioni del senatore Adolphus Wabara da presidente del Senato e al licenziamento dell'allora ministro dell'Istruzione, il professor Fabian Osuji, a causa della richiesta di tangenti per convincere i membri della commissione per l'Istruzione dell'Assemblea nazionale, in quello che il professor Fabian Osuji ha definito "pacchetto benessere per i membri della commissione legislativa per l'Istruzione", a gonfiare la legge di stanziamento del 2005 a favore del Ministero dell'Istruzione (Fashagba, 2009:444).

Di conseguenza, Olusegun (2011) afferma che "nell'ambito di quello che viene definito 'federalismo cooperativo', il governo federale ha agito come garante per ALGON (un ente non riconosciuto dalla legge) per conto dei 774 governi locali in un contratto che coinvolgeva un'unica azienda". Successivamente, quattro mesi dopo, la signora Patricia Olubumi Etteh, presidente della Camera dei Rappresentanti, e il suo vice, Babangida Nguroje, sono stati accusati di aver autorizzato la spesa di 628 milioni di curo per la ristrutturazione delle loro residenze ufficiali e l'acquisto di 12 auto ufficiali. Ciò ha provocato una crisi, poiché i loro accusatori hanno insistito sulla necessità di sottoporli a impeachment. Inoltre, otto settimane dopo che le accuse sono state rese pubbliche dai media, Etteh e il suo vice si sono dimessi dall'incarico il 30 ottobre 2007, pur rimanendo membri della Camera dei Rappresentanti.

Sulla stessa linea, l'onorevole David Idoko, presidente della commissione della Camera dei Rappresentanti che ha indagato sulle accuse relative alla truffa di Etteh, è giunto alla conclusione che la gara d'appalto non è stata pubblicizzata, non sono state preparate le quantità e i disegni interni, non c'era alcuna disposizione di bilancio specifica per la ristrutturazione e l'arredamento degli alloggi ufficiali del presidente della Camera e del suo vice nel bilancio 2007, e che la procedura per l'aggiudicazione dell'appalto da parte dell'organo dei principali funzionari il 12 luglio 2007 "mostra gravi atti di omissione e di non rispetto della procedura stabilita".

Successivamente, il deliberato tentativo di vittimizzare e punire l'ex presidente dell'EFCC Mallam Nuhu Ribadu per i successi ottenuti nella lotta alla corruzione durante il suo mandato è stato condannato da alcuni settori della società nigeriana e dal governo americano, che ha minacciato di reagire con misure ritenute appropriate.

In una conferenza stampa tenutasi a Lagos nel settembre 2009, l'ex governatore dello

Stato del Delta ha accusato Mallam Nuhu Ribadu, l'ex capo dell'EFCC, di aver agito
come strumento dell'ex presidente Olusegun Obasanjo perché (lui), il capo James Ibori,
si era rifiutato di appoggiare la fallita candidatura al terzo mandato e per aver sostenuto
la mossa di far sì che il governo federale pagasse agli Stati produttori di petrolio il 13%
del fondo di derivazione, che secondo lui risaliva al 1999. Questo dimostra come
l'Agenzia antifrode (EFCC) sia stata manipolata dal governo del presidente Obasanjo"
(Olusegun, 2007).

Tuttavia, la natura sottile del sistema politico nigeriano nei confronti della corruzione
ha permesso ad alcune multinazionali di trarne vantaggio. Per esempio, *"Siemens e*
Wilbros avrebbero corrotto alcuni funzionari nigeriani per assicurarsi contratti di
telecomunicazioni e servizi petroliferi in Nigeria. Mentre i funzionari della Halliburton
hanno confessato, durante l'amministrazione del presidente Olusegun Obasanjo, di aver
pagato circa 180 milioni di dollari come tangente a funzionari pubblici di alto livello in
Nigeria per assicurarsi succosi contratti petroliferi. Sulla stessa linea, c'è stato un
"presunto governatore illegale: Obong Victor Attah dello Stato di Akwa Ibom, Chief
James Ibori dello Stato del Delta e il senatore Bola Tinubu dello Stato di Lagos"
(Olusegun, 2007).

Altri casi di corruzione all'interno dell'Assemblea Nazionale in passato includono il
Senato, il defunto Evans Enwerem e il suo connazionale, il defunto Chuba Okadigbo,
entrambi ex Presidenti del Senato, sono stati coinvolti in una truffa sui mobili, così come
Adolphus Wabara è stato spazzato via per il suo presunto coinvolgimento nello scandalo
dei soldi per il bilancio (www.vanguardngr.com).

Tuttavia, è stato osservato nell'Assemblea Nazionale che, se i senatori non stanno
lottando per un contratto, i loro colleghi della Camera dei Rappresentanti si scambiano
colpi per l'appartenenza a commissioni e per questioni banali. È il caso dell'ex speaker
della Camera dei Rappresentanti, Alhaji Salisu Buhari, accusato di falsa testimonianza e
di aver ottenuto un certificato di laurea dall'Università di Toronto in Canada, per il quale
è stato poi cacciato per aver falsificato la sua età e il suo titolo di studio.

Inoltre, un gruppo di rappresentanti della Camera dei Deputati chiamato "The
Integrity Group", composto da deputati del calibro dell'onorevole Dino Maliye,
dell'onorevole Farouk Lawan e di molti altri, ha chiesto che la leadership della Camera
dei Deputati renda conto della spesa di 9 miliardi di dollari per il fondo di capitale tra il
2008 e il 2009. Hanno accusato lo speaker, l'onorevole Oladimeji Bankole, di aver
autorizzato un profilo di spesa "vessatorio e sconsiderato", che alla fine ha portato

all'arresto dell'onorevole Bankole da parte dell'EFCC dopo aver lasciato il suo incarico il 29 maggio 2011 (www.vangardngr.com).

Sahara Reporter ha riferito che anche l'ex presidente della Camera Dimeji Bankole, suo padre e un suo fratello sono stati coinvolti nella truffa. Due fonti dell'EFCC hanno rivelato che l'ex presidente della Camera e i suoi parenti sono stati pagati per oltre 900 milioni di euro dai fondi per l'elettrificazione rurale, ma non sono mai stati accusati dall'EFCC. Il crollo programmato dei casi di lotta alla corruzione in Nigeria è diventato preoccupante per i nigeriani e per i Paesi stranieri che avevano creduto alla promessa di Jonathan di rafforzare la lotta alla corruzione. "Il *bilancio di questo governo nella lotta alla corruzione si è rivelato il peggiore della storia recente della Nigeria", ha dichiarato un attivista della società civile con sede ad Abuja" * http://nigershowbiz.com/failed-prosecution-of-ndudi-elumelu-how-president-goodluck-jonathan-sabotages-corruption-cases/ Allo stesso modo, il comitato di indagine sull'energia di Ndudi Elumelu rimane uno scandalo che non può essere dimenticato in fretta ogni volta che c'è un'interruzione di corrente. La conclusione dell'indagine di Elumelu sul suo presunto coinvolgimento in una truffa per corruzione è ancora molto incerta. Oggi, l'onorevole Elumelu cammina per le strade come un uomo libero (Olusegun, 2007).

Proprio mentre i nigeriani cercavano di lasciarsi alle spalle quelle esperienze, l'onorevole Herman Hembe, presidente della Commissione ad hoc sul mercato dei capitali, è stato accusato di scandalo per corruzione e la direttrice generale della Security Exchange Commission (SEC), Arunma Oteh. *"Il direttore generale della Security Exchange Commission (SEC) ha accusato il presidente della commissione di averle chiesto una gratificazione per poter influenzare la sua indagine sulle attività e le operazioni del mercato dei capitali. In seguito a questa accusa, l'onorevole Hembe ha accettato di farsi da parte e di consegnarsi personalmente alla Commissione per i crimini economici e finanziari (EFCC) per consentire un'indagine adeguata sulle accuse. Mentre il fuoco infuria, la Camera dei Rappresentanti avrebbe accusato l'EFCC di parzialità per il rinvio a giudizio del presidente della Commissione per il mercato dei capitali. La rabbia della leadership della Camera si è basata sul fatto che Otteh deve aver usato il suo legame come membro legale dell'EFCC per garantire che Hembe fosse messo in imbarazzo"* (Olusegun, 2007).

Tuttavia, mentre questo polverone non si è ancora posato, il presidente della Commissione ad hoc per il petrolio e i sussidi, l'onorevole Farouk Lawan, è stato nuovamente accusato di aver chiesto e accettato tangenti per l'enorme somma di 620.000

dollari dal presidente della Zenon Oil and Gas, Femi Otedola. Il Comitato di Farouk, che ha iniziato a lavorare poco dopo il suo insediamento, ha perforato i mercati petroliferi per ore interminabili e ha concluso il lavoro il 24 aprile 2012, presentando un rapporto di 20 pagine all'intera Camera dei Rappresentanti per le sue considerazioni. Dopo due giorni di dibattito, sono stati apportati alcuni emendamenti e il rapporto è stato approvato. Il 9 giugno 2012, la bolla di sapone è scoppiata quando il magnate del petrolio Femi Otedola ha affermato che Farouk Lawan gli ha chiesto una tangente per rimuovere il nome della sua compagnia dalla lista di quelle indicate dal rapporto della commissione. Il magnate ha affermato che l'onorevole Farouk Lawan ha ricevuto 620.000 dollari come parte del pagamento di 3 milioni di dollari richiesto da Farouk e dai membri della sua commissione. In risposta alle accuse, Farouk ha inizialmente affermato che Otedola ha mentito, ma ha poi ammesso di aver raccolto la somma di 500 milioni di dollari solo come stratagemma per smascherare gli affari scadenti di Femi Otedola (www.vanguardngr.com).

Inoltre, un'altra area critica della corruzione politica nell'Assemblea nazionale e nelle Assemblee statali è quella dei progetti e delle indennità dei collegi elettorali, che non vengono contabilizzate. Milioni di Naira sono stati stanziati per i progetti delle circoscrizioni e per le spese varie, ma questi fondi non vengono rendicontati né alla fine dell'anno precedente né alla fine dell'anno legislativo. Tuttavia, i media hanno l'onere di recarsi nelle circoscrizioni di queste legislature per verificare se le indennità di circoscrizione sono utilizzate con giudizio, al fine di fornire un resoconto obiettivo sui progetti intrapresi, se del caso, dai membri dell'Assemblea nazionale.

Inoltre, gli elettori dovrebbero ritenere responsabili i loro legislatori che non riescono a realizzare i progetti del loro collegio elettorale, e possibilmente richiamarli o non votarli alle prossime elezioni. Questo aiuterà i legislatori a stare in piedi e a svolgere efficacemente i loro compiti e le loro responsabilità.

In conclusione, i legislatori dovrebbero sapere che il loro ufficio è una fiducia pubblica e non una via per accumulare ricchezze e che dovrebbero fare leggi che frenino la corruzione piuttosto che impegnarsi in atti capaci di promuovere la corruzione in Nigeria.

ESECUTIVO

A questo livello, i funzionari pubblici che pilotano le attività del governo a livello di attuazione spesso si lasciano andare a certe pratiche di corruzione. Ciò può essere attribuito a quanto sostenuto da Lapalombara (1974), secondo cui "le condizioni strutturali, la competenza amministrativa, l'accesso a informazioni privilegiate, le relazioni clientelari con i gruppi di interesse, l'antipatia e il disprezzo degli amministratori nei confronti dei politici, l'abilità degli amministratori nei confronti dei politici, la capacità degli amministratori di strutturare alternative politiche e la discrezionalità che viene loro concessa nell'attuazione delle politiche". E aggiunge: "Tutto ciò porta alla certezza che coloro che, all'interno o all'esterno del governo, vogliono usare la corruzione come strumento della politica si rivolgono principalmente alla burocrazia".

La Commissione per il crimine economico e finanziario (EFCC) ha disposto l'arresto di dieci ex governatori per presunta corruzione durante il loro mandato e i cui casi sono affrontati in tribunale dall'EFCC: Lucky Igbinedion, Chimaroke Nnamani, Orji Uzor Kalu, Saminu Turaki e Joshua Dariye, mentre altri sulla lista dei processi dell'EFCC sono Abubakar Audu, Danjuma Goje, Akwe Doma e Jolly Nyame. Mentre l'ex governatore dello Stato di Bornu Ali Modu Sherif è stato invitato a comparire davanti all'EFCC, secondo il capo dei media e della pubblicità Wilson Uwujaaren, lunedì 25th maggio 2015 ad Abuja, secondo la notizia online di Vanguard intitolata: **Corruption: L'EFCC arresta 10 ex governi.** Il caso di Ayodele Fayose dello Stato di Ekiti è stato temporaneamente sospeso in seguito alla sua elezione a governatore dello Stato di Etiki, in linea con la clausola di immunità prevista dalla Costituzione della Repubblica Federale della Nigeria del 1999 e successive modifiche (Vanguard online, 25 maggio 2015). È stato riportato da Vanguard online news dal titolo: **Corruption: EFCC Closes in on 10 Former** states that the EFCC have recovered the sum of N65 billion from suspects. Allo stesso modo ha recuperato 245 dollari da individui e organizzazioni corrotti tra il 2012 e il 2014.

Inoltre, nel corso degli anni, i dipendenti pubblici in Nigeria sono stati accusati di rifiutarsi di attuare le politiche del governo. Ci si potrebbe chiedere perché i dipendenti pubblici rifiutino deliberatamente l'attuazione delle politiche governative, che spesso ostacolano l'efficace funzionamento del braccio esecutivo del governo. Questo atto di ritardare il funzionamento dell'apparato governativo, in particolare della funzione pubblica, è indice dei loro gruppi nel Paese. Più spesso, i dipendenti pubblici spesso ritardano l'attuazione delle politiche governative, se l'esecutivo politico eletto o nominato, non è direttamente o indirettamente collegato o ha qualche beneficio o vantaggio strutturale da.

Tuttavia, in uno stato ideale ci si aspetta che i burocrati siano politicamente neutrali, ma spesso ne vediamo alcuni che hanno legami con alcuni politici che sono loro clienti. In Nigeria, ciò che la maggior parte dei politici fa prima di assumere o quando assume una posizione o un ufficio, è cercare il più possibile di dare potere a certi individui nei servizi pubblici e civili, così come nelle istituzioni militari e paramilitari, che diventano loro alleati o clienti che favoriscono il loro alleato o cliente che favorisce il loro accumulo primitivo delle risorse dello Stato. È importante notare che questi burocrati sono spesso fedeli al loro capo e ai loro associati, il che significa che il regime non favorisce l'attuazione di politiche vantaggiose per il successo di questi gruppi di persone, per cui queste categorie di dipendenti pubblici e civili spesso ostacolano il processo di governance o i processi politici, ritardando l'attuazione delle politiche governative.

Una candidata ministeriale dello Stato di Ondo, che doveva sostituire il Ministro dei Lavori e degli Alloggi licenziato, la signora Mobolaji Osomo, è stata licenziata nel 2005 per un presunto coinvolgimento in affari illegali nella privatizzazione di edifici residenziali di proprietà del governo in tutta la Nigeria (Fashagba, 2009:446).

Nell'anno fiscale 2010, alcuni ministeri e agenzie hanno restituito parte degli stanziamenti di bilancio, per l'incapacità di realizzare i progetti per i quali erano stati stanziati i fondi. Ci si potrebbe chiedere perché i burocrati non siano riusciti a spendere i fondi stanziati per questi progetti, probabilmente a causa di alcune scuse inconsistenti e del loro lassismo nel lavoro. È opportuno sottolineare che tutto ciò che ha ostacolato l'efficace funzionamento delle istituzioni burocratiche deve essere rimosso, in modo da accelerare i processi burocratici e la loro capacità di attuare con urgenza il progetto di legge annuale di stanziamento alla scadenza, in modo che i funzionari pubblici non abbiano scuse per non attuare il bilancio.

Inoltre, il governo dovrebbe, con urgenza, intensificare gli sforzi nelle sue riforme, assicurandosi che le scappatoie all'interno del servizio pubblico/dei servizi pubblici siano bloccate e che il servizio pubblico civile sia reso apolitico. Inoltre, l'impiego dovrebbe essere basato sul merito e sulla competenza e non su un rapporto clientelare. Inoltre, il principio del carattere federale dovrebbe essere rafforzato al fine di accogliere ogni segmento della società nigeriana nel servizio pubblico civile. Infine, la depoliticizzazione del servizio pubblico civile rimane un aspetto critico da affrontare per il governo, in quanto contribuirà a ridurre i rapporti clientelari e clientelari nelle promozioni e nelle assunzioni/selezioni nel servizio pubblico civile.

ELEZIONE

Lapabombara (1974) osserva che la corruzione politica ha spesso luogo in quei Paesi in cui le elezioni possono essere determinate da gruppi di furfanti o di santi che esercitano il potere; è probabile che in questi sistemi politici emergano modelli di corruzione. È stato osservato che prima delle elezioni ci sono "macchine politiche" che sono broker che trattano voti che consegneranno, ma raramente senza estrarre un prezzo. Le macchine politiche spesso promettono ai politici di consegnare i voti degli elettori della loro circoscrizione, del loro collegio elettorale o del loro Stato in cambio del controllo di posti di lavoro in alcune agenzie governative o di nomine per loro stessi di alcuni individui che a loro volta ottengono una certa percentuale dai loro stipendi.

Il rapporto dell'Unione Europea sulle elezioni generali del 2011 afferma che "... *Durante i comizi sono stati distribuiti telefoni cellulari, carte prepagate e gadget. Le comunità locali hanno ricevuto dai candidati carichi di merci, come olio e riso, pompe per l'acqua e regali in generale". Si può quindi affermare che il canvassing in Nigeria può essere molto costoso. La legge elettorale del 2010, come modificata, contiene disposizioni dettagliate per le spese di campagna sostenute da un partito politico nel periodo che va dal giorno della notifica delle elezioni fino al giorno dello scrutinio. Tuttavia, l'INEC non ha avuto la capacità di far rispettare le disposizioni di legge"* (Rapporto UE, 2011:28).

Allo stesso modo, il rapporto UE 2015 afferma che "*...Le primarie, che possono avere da poche centinaia a 8.000 delegati e possono durare più di 24 ore, possono essere caratterizzate come un'elezione senza garanzie. Gli esperti dell'UE hanno segnalato e osservato diversi problemi legati alle primarie . Ad esempio, i cambiamenti nelle "zone" annunciate (dopo il pagamento delle tasse di candidatura), i rifiuti arbitrari durante lo "screening", i processi elettorali corrotti e le procedure di voto che mancano di trasparenza e certezza. Inoltre, secondo quanto riferito, si sono svolte primarie parallele e i partiti non hanno sempre rispettato i risultati delle proprie primarie (si veda la sezione XIII: Controversie elettorali)".* (Questo dimostra il livello di corruzione che si è verificato durante le elezioni generali del 2011 e del 2015 in Nigeria, a causa della debolezza delle disposizioni che regolano il finanziamento delle campagne elettorali: i limiti alle spese durante il periodo di campagna elettorale si applicano ai candidati ma non ai partiti, il che significa che le restrizioni hanno un valore limitato. Nonostante ciò, le elezioni generali del 2011 e del 2015 sono state giudicate credibili. Le elezioni generali del 2015 in Nigeria sono considerate le elezioni più costose mai condotte al mondo a causa della quantità di denaro speso dai politici durante la campagna elettorale.

Inoltre, nel corso della campagna elettorale, i centri di culto sono diventati un centro di campagna elettorale per i politici, in quanto ci sono state accuse e controaccuse di corruzione dei leader dei due gruppi religiosi dominanti. Inoltre, i leader tradizionali sono stati corrotti per istigare alla violenza, tra cui spicca un'accusa rivolta all'Oba di Lagos Oba Akiolu, accusato di aver minacciato di morte i nigeriani di origine Igbo che non avessero votato per il candidato governatore dell'APC Ambode Akinwunmi, affermando: "Se non votate Ambode, è la vostra fine".

PARTITI POLITICI

Uno degli ambiti della corruzione politica in Nigeria è il modo in cui i partiti politici sono formati e gestiti. Una dimensione di questo fenomeno è il modo in cui gli aspiranti politici vengono eletti, che nella maggior parte dei casi avviene attraverso il consenso e non attraverso le elezioni. È stato anche osservato che i partiti politici non perseguono il loro manifesto ma ciò che il partito ritiene giusto per loro in quel particolare momento. Purtroppo, i partiti politici nigeriani durante le loro primarie, che possono essere definite "selezione" degli aspiranti, fanno man bassa dei migliori offerenti che, nella maggior parte dei casi, sono uomini/donne dal carattere discutibile o che hanno fallito nel governo. Per esempio, durante tutte le elezioni condotte tra il 1999 e il 2015, i delegati dei partiti sono stati corrotti durante le primarie di partito, in quanto gli aspiranti non qualificati che hanno denaro da buttare sono sempre votati contro gli aspiranti credibili che non hanno denaro da buttare. Sorprendentemente, ciò che è prevalente in Nigeria è che i partiti politici impongono come candidato di consenso candidati che non hanno le credenziali politiche per guidare o che hanno fallito nella governance. Un impegno critico su come si arriva al cosiddetto "candidato del consenso" non può che rivelare l'incoscienza corrotta della classe politica.

Tuttavia, il motivo della creazione di un partito politico dovrebbe essere noto e quando questi partiti politici non sono noti o non soddisfano determinati requisiti, dovrebbero essere cancellati dalla Commissione elettorale nazionale indipendente (INEC). I nigeriani devono smettere di avere partiti politici composti da un uomo, sua moglie e i suoi figli o partiti politici che non vinceranno mai le elezioni nemmeno a livello di circoscrizione solo per allinearsi con il partito al potere prima delle elezioni.

La natura della corruzione che ha investito i partiti politici in Nigeria è preoccupante. Inoltre, il modo in cui alcuni di questi partiti politici spendono in modo sconsiderato durante la campagna elettorale è una prova sufficiente del fatto che, se vincono le elezioni, non dovranno rendere conto agli elettori, ma piuttosto recuperare quanto speso durante le campagne e i comizi. La Commissione Elettorale Nazionale Indipendente (INEC) deve garantire che le fonti di finanziamento di questi partiti politici siano conosciute e che essi abbiano dei limiti di spesa specifici, al fine di fermare questa sconsideratezza durante le elezioni.

Infine, il numero di partiti politici in Nigeria è eccessivo ed è per questo che la democrazia nigeriana manca di un'opposizione valida e vediamo una situazione in cui un uomo, sua moglie e i suoi figli formano un partito politico per il denaro che otterranno dalla Commissione elettorale nazionale indipendente (INEC). Il mio consiglio è che la Nigeria torni a un sistema a due partiti o a un sistema multipartitico con non più di tre partiti politici.

CAPITOLO 9

IMPLICAZIONI DELLA CORRUZIONE IN NIGERIA

"So qualcosa su qualcosa e qualsiasi cosa su qualsiasi cosa".
- Il defunto capo Obafemi Awolowo
"Farò il meglio che so fare, il meglio che posso e intendo continuare a farlo fino alla
fine. Se la fine mi porterà bene, ciò che si dirà contro di me non avrà alcun valore. Ma
se la fine mi porterà male, anche dieci angeli che giurano che sono giusto non faranno
alcuna differenza".
- Abramo Lincoln

La corruzione è uno dei vermi che ha corroso profondamente il tessuto della società nigeriana, per cui è necessario fare molto per mitigare i suoi effetti negativi sul processo di sviluppo in Nigeria. La corruzione è rimasta una minaccia per l'esistenza umana a livello globale, anche se non è ugualmente pervasiva ovunque, il che dimostra che ci devono essere delle ragioni o qualcosa per la sua pervasività in una società piuttosto che in un'altra.

Tuttavia, verranno analizzati i seguenti effetti/implicazioni della corruzione, al fine di verificare come essa abbia influito sull'economia nigeriana.

a. Implicazioni della corruzione su politica, amministrazione e istituzioni: La corruzione mina la democrazia e il buon governo, interrompendo i suoi processi. Ad esempio, il passato interregno in Nigeria è stato giustificato con la corruzione da parte dei golpisti. La corruzione durante le elezioni e all'interno dell'apparato governativo riduce il livello di trasparenza e responsabilità nella definizione e attuazione delle politiche in Nigeria. In Nigeria, la magistratura è spesso indicata come l'ultima speranza dell'uomo comune, ma negli ultimi tempi si sono verificati casi di corruzione tra i suoi membri, che a loro volta compromettono lo Stato di diritto. Il braccio esecutivo del governo non è un'eccezione in questo senso, poiché i dirigenti politici sono spesso accusati di corruzione su base regolare. Anche l'organo legislativo non fa eccezione alle pratiche di corruzione, che ne hanno compromesso l'effettivo svolgimento delle funzioni costituzionalmente definite.

La pubblica amministrazione nigeriana negli ultimi tempi ha sofferto di corruzione, nonostante le varie riforme per migliorare la sua efficacia nell'erogazione dei servizi, ancora oggi ci sono casi di corruzione in alcune quote che vanno dal fallimento dell'attuazione delle politiche, all'esistenza di "lavoratori fantasma", ai lavoratori sotto età, all'eccesso di fatturazione, al percentile, alla corruzione, tra gli altri.

Inoltre, la corruzione erode la capacità istituzionale del governo, poiché le procedure vengono disattese, le risorse vengono sottratte e gli uffici pubblici vengono comprati e

95

venduti. In questo modo, la corruzione mina la legittimità di un governo e valori democratici come la fiducia e la tolleranza (Aiyede, 2000).

La corruzione e il malgoverno sono state le due ragioni principali spesso addotte dai militari per giustificare la loro incursione nella politica nigeriana (Adekanye, 1993; Ikoku, 1985; Ojiako, 1980; Luckham, 1971 citato in Fagbadebo, 2007). Tuttavia, i regimi militari che si sono succeduti non sono riusciti ad arginare la marea della corruzione e a insaziare il buon governo. Anzi, con il dispiegamento massiccio della forza, la politica nigeriana ha attraversato fasi di crescente corruzione e instabilità politica. Per un periodo di 29 anni, il carattere pretoriano del sistema politico nigeriano ha soffocato la politica di ogni epoca democratica. Il nuovo gruppo di attori politici, che aveva sperimentato il dominio militare, ha anche assorbito una cultura politica autocratica, che ha fornito un vero e proprio ambiente per le pratiche di corruzione. Queste includono la mentalità della forza, l'intolleranza dell'opposizione e un appetito sfrenato per la ricchezza attraverso l'appropriazione delle risorse statali per guadagni privati. L'appetito dei suoi leader per l'anima dello Stato nigeriano era esacerbato dal controllo governativo delle risorse (Joseph et al., 1996 in Fagbadebo, 2007). È stato osservato che "la corruzione è molto più pericolosa del traffico di droga o di altri crimini, perché quando rimane impunita, il pubblico perde la fiducia nel sistema legale e in coloro che fanno rispettare la legge" (Adeseyoju, 2006 citato in Fagbadebo, 2007).

Sebbene i vari sistemi democratici del passato in Nigeria siano stati interrotti a causa della corruzione, purtroppo coloro che hanno accusato le amministrazioni civili di essere corrotte sono essi stessi corrotti in un modo o nell'altro. Le implicazioni della corruzione sulla governance sono dannose e possono troncare qualsiasi dispensazione democratica e, per estensione, l'esistenza cooperativa di qualsiasi nazione. Infatti, i detentori di cariche pubbliche devono vedere gli uffici pubblici come una fiducia pubblica piuttosto che come una via per l'accumulo di capitale primitivo; come si sperimenta oggi, quando, nonostante l'esistenza dell'EFCC e dell'ICPC, i detentori di cariche pubbliche saccheggiano palesemente il tesoro pubblico, come se dare loro l'opportunità di servire fosse un'opportunità per prendere la loro parte della "torta nazionale". Inoltre, la percezione dei nigeriani che ricoprono cariche pubbliche deve cambiare verso ciò che l'ex presidente degli Stati Uniti d'America J.F. Kennedy disse una volta: "Non chiedete cosa il vostro Paese può fare per voi, chiedete cosa potete fare voi per il vostro Paese".

È giunto il momento che i nigeriani, a tutti i livelli, pensino a ciò che possono fare per il Paese e non a ciò che possono ottenere dalla Nigeria. È necessario risvegliare lo spirito patriottico, che contribuirà ad aumentare la fiducia e il contributo dei nigeriani allo sviluppo nazionale; infatti, per migliorare lo sviluppo nazionale, sono necessari gli sforzi collettivi di tutti i nigeriani.

b. Implicazioni della corruzione sullo sviluppo economico:

Aina (2007) osserva giustamente che la corruzione "distorce gli incentivi economici e scoraggia il raggiungimento di uno sviluppo sostenibile, tuttavia i leader pubblici nigeriani non sono gli unici responsabili. Altre persone che cercano di ottenere favori dai leader pubblici e sono disposte a pagare tangenti per ottenere vantaggi ingiusti o per arricchirsi sono i promotori". Ha aggiunto che se coloro che sono sul lato dell'offerta non sono disposti a pagare le tangenti, la corruzione nel settore pubblico si limiterebbe al nepotismo, ai prelievi illegali e all'appropriazione illegale di risorse pubbliche.

Fagbadebo, (2007) afferma che lo Stato nigeriano è vittima di una corruzione di alto livello che causa il ritardo dello sviluppo nazionale e un ciclo incessante di crisi derivanti dal malcontento della popolazione nei confronti del governo. La corruzione è stata legittimata, soprattutto durante i regimi di Babangida e Abacha (1985-1998), con enormi entrate, ma spese dispendiose e nulla da mostrare in termini di sviluppo fisico.

Tuttavia, la cultura della corruzione, attraverso quella che i nigeriani hanno imparato a conoscere come sindrome di insediamento, è diventata parte della cultura politica del Paese. Tutti i valori positivi per lo sviluppo sono stati abbandonati. Le agenzie governative che erano il motore dello sviluppo socio-economico sono state decimate. Ad esempio, l'ex capo di Stato militare, il defunto generale Sani Abacha, "ha paralizzato l'apparato di governo e ha impoverito la cittadinanza in cinque anni di dittatura e di saccheggi frenetici (Tell, 2006). Si ritiene che abbia rubato 1,13 miliardi di dollari e 413 milioni di sterline inglesi, oltre a 386,2 milioni di dollari frodati attraverso contratti fittizi e gonfiati (ibidem). Tutto ciò, insiste Ake, non dovrebbe normalmente accadere a uno Stato "perché quando accade lo Stato cessa effettivamente di esistere come Stato e compromette la sua capacità di perseguire lo sviluppo" (Ake, 1995 in Fagbadebo, 2007).

La corruzione porta spesso all'inefficienza e alla manipolazione della trasformazione economica dello Stato nigeriano. Nel settore privato, ha portato a un aumento del capitale iniziale attraverso il prezzo dei pagamenti illegali, il costo delle negoziazioni con i funzionari corrotti e il rischio di violazione della fiducia.

Anche se alcuni hanno sostenuto che la corruzione contribuisce a lubrificare il burocratismo, poiché attraverso la corruzione i funzionari pubblici sono indotti a evitare nuovi ruoli e ritardi, eliminando palesemente le norme costose e noiose, piuttosto che permettere di aggirarle in modo occulto utilizzando le tangenti.

La corruzione disorganizza le vie per proteggere le attività legate alla concorrenza, facendo così emergere l'inefficienza nell'erogazione dei servizi. Tuttavia, nel settore pubblico, la corruzione rende imperativo che gli investimenti pubblici vengano dirottati verso progetti di capitale in cui le tangenti e i contraccolpi sono maggiori; di conseguenza, i funzionari pubblici spesso aumentano la complessità tecnica dei progetti del settore pubblico per aprire la strada ad accordi o attività che distraggono gli investimenti.

La corruzione attenua anche il livello di conformità ai lavori di costruzione, alle normative ambientali e al declino della qualità dei servizi resi dal governo e delle infrastrutture, portando a un aumento degli stanziamenti di bilancio in aree in cui normalmente non dovrebbe essercene bisogno. È stato osservato che in Nigeria più di 400 miliardi di dollari sono stati rubati dal tesoro pubblico dai leader nigeriani del passato (1960-1999).

c. Implicazioni della corruzione sull'ambiente: La corruzione favorisce il degrado ambientale; la Nigeria ha una legge che regolamenta e protegge l'ambiente sotto la National Environmental Safety Regulatory Agency (NESRA). Di conseguenza, le varie leggi che regolano e proteggono l'ambiente da qualsiasi forma di degrado ambientale, in particolare la legge che limita il gas fleering, non sono state applicate, perché coloro che sono incaricati di far rispettare queste leggi sono spesso corrotti.

Inoltre, gli atteggiamenti poco rispettosi e poco patriottici di alcuni leader nigeriani fanno sì che, nel corso degli anni, le imprese e gli individui stranieri vedano la Nigeria come una discarica di rifiuti o di materiali già usati, pericolosi per la nostra società.

In conclusione, è opportuno affermare che è giunto il momento che i leader nigeriani si assumano la responsabilità di far rispettare le leggi ambientali per proteggere l'ambiente nigeriano dal degrado.

d. Implicazioni della corruzione sui diritti sociali: I lavoratori della protezione dei diritti sociali: spesso vengono corrotti per non agitare gli interessi dei loro membri. I leader di queste organizzazioni di prevenzione dei diritti sociali vengono corrotti, compromettendo così la loro posizione o il loro giuramento di diligenza nei confronti del movimento sociale. Le violazioni delle leggi sui diritti sociali consentono ai leader corrotti di ottenere un vantaggio illegittimo in termini di potere contrattuale sul movimento per i diritti sociali.

Nel corso degli anni, in Nigeria, i funzionari dei movimenti per i diritti sociali sono stati spesso corrotti dal governo per attuare alcune politiche contro il desiderio delle masse. È un fenomeno comune a tutti i livelli di governo.

Il governo dovrebbe imparare a negoziare con i movimenti per i diritti sociali piuttosto che corrompere o intimidire i loro leader. Questo atteggiamento antidemocratico di governo contribuisce ulteriormente a promuovere la corruzione in Nigeria.

e. Implicazioni della corruzione sugli aiuti umanitari: Il tasso di aiuti umanitari ai Paesi in via di sviluppo, in particolare a quelli africani, è aumentato, ma è altamente vulnerabile alla corruzione, con gli aiuti alimentari e altra assistenza tecnica come i più a rischio. Gli aiuti alimentari destinati ai Paesi africani più colpiti dalla fame vengono dirottati direttamente e fisicamente dalla destinazione prevista, o indirettamente attraverso la manipolazione delle valutazioni, degli obiettivi, della registrazione e della distribuzione per favorire determinati gruppi o individui (ibidem). Questo è stato un caso tipico quando il cibo e gli altri aiuti forniti dall'Agenzia nazionale per la gestione delle emergenze e da altri donatori, destinati alle vittime delle inondazioni e delle violenze in alcuni Stati, sono spesso deviati da alcuni membri del personale dell'Agenzia nazionale per la gestione delle emergenze (NEMA) in collaborazione con i leader e con il personale dell'Agenzia nazionale per la gestione delle emergenze (NEMA) per esagerare il costo e il numero delle vittime colpite dalle inondazioni o dalle violenze al fine di attirare la simpatia nazionale.

Tuttavia, nel settore dell'edilizia e dei ripari, esistono numerose opportunità di sviamento e di profitto attraverso lavorazioni al di sotto degli standard, tangenti per gli appalti e favoritismi nella fornitura di materiale di valore per i ripari.

f. Implicazioni della corruzione sulla salute e sulla sicurezza pubblica: La salute è ricchezza, è una famosa massima. Ciò dimostra che una nazione sana è una nazione ricca. È pertinente notare che l'effetto della corruzione sul settore sanitario di una nazione, in un Paese come la Nigeria, è dannoso per l'esistenza di una nazione. I fornitori di attrezzature mediche agli ospedali nigeriani pagano tangenti per fornire attrezzature mediche di scarsa qualità. Nel corso degli anni, molti nigeriani sono morti a causa dell'assunzione di farmaci falsi importati da alcuni nigeriani antipatriottici a causa della loro avidità di denaro, come il My Pikin Syrup, mettendo così a rischio la salute della nazione.

Inoltre, i pazienti che desiderano essere in cima alla lista dei chirurghi futuri effettuano pagamenti sottobanco a chirurghi di fama. È stato anche osservato che il ritmo con cui i medici delle istituzioni sanitarie pubbliche assistono i pazienti è determinato dalla cifra che possono offrire.

Inoltre, in Nigeria vengono pagate tangenti dai fornitori alle industrie automobilistiche per vendere connettori di scarsa qualità utilizzati, ad esempio, nei dispositivi di sicurezza come gli airbag, tangenti pagate dai fornitori ai produttori di defibrillatori (per vendere condensatori di scarsa qualità), contributi versati da genitori facoltosi al "fondo sociale e culturale" di una prestigiosa università in cambio dell'accettazione dei loro figli, tangenti pagate per ottenere diplomi, vantaggi finanziari e di altro tipo concessi ai sindacalisti dai membri del consiglio direttivo di una casa automobilistica in cambio di posizioni e voti favorevoli al datore di lavoro, ecc.

Inoltre, queste diverse manifestazioni di corruzione possono rappresentare un pericolo per la salute pubblica e possono screditare alcune istituzioni o relazioni sociali essenziali (ibidem).

g. Effetti della corruzione sulle attività sportive: La corruzione ha colpito vari aspetti delle attività sportive in Nigeria, dagli arbitri, ai giocatori, al personale medico e di laboratorio coinvolto nei controlli antidoping, ai membri della commissione nazionale per lo sport e dei suoi comitati che decidono come assegnare i contratti e le sedi delle gare (ibidem). Nel corso degli anni la Federazione calcistica nigeriana (NFF) ha affrontato una serie di crisi che ruotano attorno alla natura corrotta della sua dirigenza e che hanno influito sulle prestazioni dei giocatori a livello continentale e mondiale. La corruzione ha colpito la Federazione calcistica nigeriana a tal punto che i giocatori spesso corrompono allenatori e arbitri per poter partecipare o vincere le partite nelle varie competizioni, relegando così in secondo piano buoni giocatori o buoni club. Questi atti di corruzione nell'arena sportiva nigeriana, in particolare nel calcio, hanno reso i giocatori poco patriottici nei confronti della loro patria. Nella maggior parte dei casi, i fondi destinati agli stipendi, alle cure dei giocatori, in caso di infortunio, agli assegni di mantenimento, ecc. vengono spesso dirottati da alcuni membri del consiglio di amministrazione, abbandonando i giocatori al loro destino, che a sua volta influisce sulle prestazioni dei giocatori in qualsiasi competizione.

Tuttavia, il governo, in collaborazione con il settore privato organizzato, deve assumersi la responsabilità di riportare la Nigeria sulla strada degli anni d'oro della nazione.

h. Implicazioni della corruzione sull'istruzione: Gli effetti della corruzione sul settore educativo nigeriano sono enormi. Questo perché favorisce la diminuzione del livello di istruzione. Inoltre, si è abusato del conferimento di lauree ad honorem. È uno dei problemi della società nigeriana, dove tutti vogliono avere un'onorificenza accademica fasulla da aggiungere al proprio nome senza esserela guadagnata. Di fatto, i diplomi di dottorato ad honorem sono stati commercializzati per essere acquistati dal miglior offerente. I diplomi di dottorato ad honorem vengono assegnati a persone che si sono distinte nell'apprendimento, nello sport e nelle arti o nel servizio alla comunità e nella filantropia. Ma oggi in Nigeria, ogni genere di personaggio, compresi gli abbandoni scolastici, i ladri e i truffatori, possono facilmente procurarsi lauree ad honorem. Con questo svilimento delle borse di studio in Nigeria, le università nigeriane non sono classificate tra le migliori 1000 università del mondo.

A tutti i livelli del sistema educativo nigeriano, i risultati vengono comprati dai migliori offerenti; non c'è da stupirsi se negli ultimi tempi le università nigeriane producono laureati a metà (cioè laureati non occupabili). Anche se gli insegnanti e i genitori hanno contribuito direttamente o indirettamente a questo fenomeno, perché spesso i genitori danno soldi ai loro figli per ottenere i fogli delle domande d'esame e corrompono anche gli insegnanti. A volte sono gli insegnanti a chiedere tangenti in denaro o in natura (favori sessuali) per far passare uno studente.

In poche parole, per ringiovanire o rinvigorire il sistema educativo nigeriano, è necessario l'impegno di tutti, poiché sia il governo che gli azionisti del settore educativo hanno un ruolo significativo da svolgere per risollevare il sistema educativo crollato. Sia il governo che il settore privato dovrebbero porre l'accento sul merito, sulla competenza e sulla professionalità piuttosto che sul "credenzialismo" e sulla mediocrità.

i. Implicazioni della corruzione sull'immagine globale della Nigeria: In passato i nigeriani erano rispettati a livello globale, quando il livello di corruzione era minimo. Nel corso degli anni, a causa delle attività di leader corrotti e di alcuni nigeriani cattivi che si dedicavano al riciclaggio di denaro e alle truffe su Internet, il riposo dei nigeriani all'estero ha continuato a diminuire, poiché a causa delle attività di questi gruppi di nigeriani di nascita la comunità internazionale ha generalizzato che i nigeriani sono "cattivi". È sbagliato usare le attività di pochi individui per trarre la conclusione che tutti i nigeriani sono cattivi. In realtà, ci sono milioni di nigeriani, sia in patria che all'estero, che sono "buoni" e sono impegnati in attività legittime a livello globale.

Il governo nigeriano dovrebbe intensificare gli sforzi nel campo dell'istruzione per dare alla comunità internazionale la "giusta percezione della Nigeria" e dovrebbe impegnarsi maggiormente per scoraggiare le attività di alcuni nigeriani non patriottici che sono in grado di mettere in pericolo l'immagine della Nigeria.

J. Implicazioni della corruzione sulla governance
Uno degli effetti della corruzione sulla governance in Nigeria è che ha reso la governance

troppo costosa. Se si valuta la cifra spesa per lo svolgimento delle elezioni, si parla di miliardi di naira che sarebbero stati utilizzati per sviluppare settori critici dell'economia nigeriana come l'energia. La corruzione ha un effetto diretto sulla pratica della democrazia in Nigeria, poiché ha reso in larga misura la politica nigeriana un gioco giocato dalle élite con le masse come spettatori (Momoh 2015b). Questo perché gli enormi investimenti fatti dai politici durante le campagne elettorali in Nigeria fanno sì che chiunque, nel suo giusto stato d'animo, non dubiti delle promesse fatte dai politici durante la campagna elettorale di non saccheggiare il tesoro dello Stato. Ne consegue che, invece di dipendere dalle promesse o dai manifesti dei partiti, l'elettorato preferisce dare il proprio voto al miglior offerente. Considererebbero il momento delle elezioni come un'opportunità, anche se temporanea, di ottenere la loro parte della "torta nazionale", poiché le possibilità di godere del dividendo della democrazia potrebbero non arrivare, in quanto i politici preferirebbero riguadagnare o recuperare tutto ciò che hanno speso durante la campagna elettorale prima di ricordarsi delle masse (Momoh, 2012).

CAPITOLO 10

SFIDE DELLA LOTTA ALLA CORRUZIONE IN NIGERIA

"Le armi sempre più sofisticate che si accumulano negli arsenali dei più ricchi e dei più potenti possono uccidere gli analfabeti, i malati, i poveri e gli affamati, ma non possono uccidere l'ignoranza, la malattia, la povertà o la fame".
-Fidel Castro
"Non possiamo soffrire con i poveri se non siamo disposti a confrontarci con le persone e i sistemi che causano la povertà. Non possiamo liberare chi è prigioniero se non vogliamo confrontarci con chi ne porta le chiavi. Non possiamo professare la nostra solidarietà con chi è oppresso se non siamo disposti a confrontarci con l'oppressore. La compassione senza confronto svanisce rapidamente in un'infruttuosa commiserazione sentimentale".
- Henri J.M Nouwen, Donalp P. McNeill, Douglas A. Morrison.
"Sfide e opportunità si presentano sempre insieme: a determinate condizioni una può trasformarsi nell'altra".
Hu Jintao ex presidente cinese

Nel corso degli anni, le varie amministrazioni nigeriane hanno messo in atto diversi meccanismi e istituzioni per ridurre il livello di corruzione nel Paese, a partire dalla Guerra contro l'indisciplina e la corruzione, l'Ufficio e il Tribunale per il Codice di Condotta, la Commissione Indipendente per le Pratiche Corruttive e altri Reati Collegati (ICPC) costituita nel 2000, la Commissione per i Crimini Economici e Finanziari (EFCC) nel 2003, l'Unità di Monitoraggio del Bilancio e dei Prezzi (BMPIU), l'Ufficio per i Due Processi (Due Process Office) nel 2003, l'Unità di Intelligenza Finanziaria della Nigeria (FIU) nel 2006, tra gli altri.

Quando è stato istituito l'Ufficio del Codice di condotta, questo aveva il potere di accettare le dichiarazioni patrimoniali presentate dai funzionari pubblici interessati, ma non aveva il potere di indagare su tali dichiarazioni. Inoltre, lo scollamento tra politica e prassi di applicazione ha creato più spazio per le false dichiarazioni, come si è scoperto anni dopo. Ad esempio, Sam Saba (2001) sostiene che nel 2000, un totale di 90.554 moduli sono stati emessi dal Code of Conduct Bureau e 44.762 sono stati completati e restituiti alla custodia del Code of Conduct Bureau Aina, (2007). Ciò dimostra chiaramente che alcuni dei moduli emessi dall'Ufficio non sono stati restituiti e che l'Ufficio non ha il potere di richiamarli.

Analogamente, nello stesso anno (2000) sono state trasmesse all'Ufficio 1.363 inadempienze. Tuttavia, dal 2005 al maggio 2007, l'Ufficio del Codice di Condotta ha accusato alcuni governatori di aver violato la legge del Codice di Condotta detenendo conti bancari all'estero. Purtroppo, il governo dell'epoca ha ignorato questi casi che avrebbero dovuto essere indagati (Aina, 2007).

Nonostante la creazione di queste istituzioni, il livello di corruzione non sembra diminuire, ma piuttosto aumentare, il che dimostra che ci sono alcuni fattori responsabili della natura crescente della corruzione in Nigeria. I fattori che finora hanno promosso e sostenuto la corruzione in Nigeria sono i seguenti:

a.   Scarsa punizione della corruzione

Uno dei fattori che promuovono e sostengono il livello di corruzione in Nigeria è la scarsa punizione della corruzione. Questo perché la legge del Paese la incoraggia. Ad esempio, l'ex ispettore generale della polizia Alhaji Tafa Balogun è stato accusato di aver sottratto fondi alla polizia nigeriana per un ammontare di 13 miliardi di dollari. Purtroppo è stato giudicato colpevole e condannato solo a sei mesi di carcere (Onagoruwa, 2005 in Aina, 2007).

In Cina, ad esempio, per gli alti casi di corruzione è previsto l'ergastolo. Non c'è da stupirsi che i colpevoli di corruzione in Nigeria preferiscano appropriarsi o rubare miliardi di naira con l'intenzione di trascorrere qualche mese, un anno o due, per poi godersi il bottino dopo aver scontato la pena detentiva. A ulteriore conferma della scarsa punizione per la corruzione in Nigeria, l'ex governatore dello Stato del Delta, il capo James Ibori, che era "al di sopra degli arresti" in Nigeria nonostante fosse evidente il suo coinvolgimento nel riciclaggio di denaro, è stato condannato a 16 anni di carcere a Londra. Questo caso, in realtà, si fa beffe dell'amministrazione Yar'adua e del sistema giudiziario nigeriano.

Tuttavia, la corruzione continuerà ad esistere in Nigeria fino a quando ai colpevoli di corruzione verranno comminate pene di scarso rilievo. Le varie leggi anti-corruzione devono essere emendate per garantire che la pena capitale sia accordata alla corruzione di maggiore entità, come la morte per impiccagione o l'ergastolo. Ciò contribuirà a scoraggiare coloro che non vedono nulla di male nell'indulgere nella corruzione.

b.   Mancanza di volontà politica

Per volontà politica, in questo contesto, si intende la capacità del governo di far rispettare e punire ogni atto di corruzione da parte dei cittadini, indipendentemente dalla loro posizione sociale o dal loro status nella società. Si dice che un governo ha la volontà politica quando ha la capacità di punire ogni atto di corruzione senza badare a chi è coinvolto. La mancanza di volontà politica da parte delle amministrazioni passate e presenti in Nigeria è anche uno dei fattori che hanno sostenuto la corruzione politica in Nigeria.

La volontà politica di combattere la corruzione da parte del braccio esecutivo del governo di perseguire i leader corrotti in Nigeria è uno dei principali ostacoli alla lotta alla corruzione in Nigeria. La conseguenza di ciò è che in alcuni casi ha portato le agenzie anti-frode a sfociare nella "giustizia selettiva", che si riferisce a una situazione in cui alcune persone vengono rese "capri espiatori", mentre a volte le agenzie anti-frode sono indirizzate ad arrestare coloro che il presidente e la sua coorte considerano nemici e che vorrebbero vittimizzare o terrorizzare. Coloro che sono stretti alleati del Presidente, anche quando sono corrotti, sono esentati da indagini o procedimenti giudiziari da parte delle agenzie anti-frode.

Inoltre, oggi in Nigeria manca la volontà politica di combattere la corruzione perché la maggior parte delle elezioni in Nigeria sono finanziate da politici corrotti che sostengono "candidati" che non vogliono che il prossimo governo li persegua per le loro malefatte mentre sono in carica a qualsiasi titolo. Nella maggior parte dei casi questi politici corrotti vengono nominati ambasciatori, ministri, presidenti di società. Questa tendenza si è mantenuta fin dall'indipendenza della Nigeria, nel 1960, ed è per questo che in Nigeria si trovano leader solo gli anziani. Ciò che si ottiene oggi nella politica nigeriana è il riciclaggio delle élite corrotte, rendendo così difficile per qualsiasi amministrazione combattere la corruzione.

Tuttavia, la mancanza di volontà politica da parte del braccio esecutivo del governo di perseguire i politici corrotti è un'altra grande battuta d'arresto per le agenzie antifrode. Questo ha fatto sì che le agenzie anti-frode si traducessero in una "giustizia selettiva" o che talvolta le commissioni potessero arrestare solo le persone che il presidente e la sua coorte volevano vittimizzare. La ragione di ciò è che la maggior parte delle elezioni in Nigeria sono finanziate da politici corrotti che sostengono "candidati" che promettono di non indagare sulle loro malefatte mentre sono in carica a qualsiasi titolo, mentre alcuni di questi politici corrotti vengono nominati a diverso titolo. Questo ha portato anche al riciclaggio delle élite nel corso del tempo. Ad esempio, la maggior parte dei politici nigeriani è in politica come funzionari eletti o nominati fin dagli anni '60 e '70 e preferisce morire piuttosto che lasciare il sistema alle nuove generazioni. Non c'è da stupirsi che un ex presidente della Nigeria abbia detto che la carica di presidente della Nigeria non è destinata ai giovani.

Inoltre, la procedura per perseguire i casi di corruzione è un altro problema che affligge le agenzie antifrode. Aina (2007) osserva giustamente che la sezione 52 (1) dell'ICPC Act del 2000 prevede che la commissione inoltri i casi di corruzione che coinvolgono il Presidente al Capo della Giustizia della Nigeria, il quale a sua volta autorizzerà un avvocato indipendente a indagare sulla questione e a rendere note le proprie conclusioni all'Assemblea nazionale. Nel caso dei governatori degli Stati, il consulente scriverà alla Camera degli Stati. Pertanto, la procedura prevista dall'articolo 52 (1) della legge ICPC del 2000 contribuisce a far fallire l'azione penale nei confronti del Presidente, del Vicepresidente e dei Governatori degli Stati per qualsiasi caso di corruzione.

Inoltre, in Nigeria ci sono molti vincoli legali nel perseguire i colpevoli di corruzione. Questo perché alcuni aspetti della legge del Paese incoraggiano la corruzione. Per esempio, le leggi che richiedono e ottengono determinate percentuali degli importi dei contratti; di solito il 10% del contratto assegnato dal governo a un individuo che è un consulente è un chiaro esempio di "corruzione legale" o corruzione consentita dalla legge. Altri vincoli sono il numero di anni in cui i colpevoli di corruzione possono essere condannati al carcere. Ad esempio, il caso dell'ex ispettore generale della polizia, Alhaji Tafa Balogun, accusato di aver sottratto miliardi di naira dai fondi della polizia nigeriana. La Commissione per i crimini economici e finanziari (EFCC) lo ha accusato di vari reati, tra cui appropriazione indebita, appropriazione di fondi, ecc. per un ammontare di oltre 13 miliardi di dollari. Alhaji Tafa Balogun è stato riconosciuto colpevole e condannato a sei mesi di carcere (Onagoruwa, 2005 e Aina, 2007). Il capo Bode George e altri sono stati condannati a due anni di carcere per appropriazione indebita mentre erano in carica come presidente del consiglio di amministrazione dell'Autorità portuale nigeriana (NPA) e nel 2014 la Corte d'appello ha annullato la sentenza iniziale dell'Alta corte che li aveva condannati al carcere.

Inoltre, affinché i "vecchi" politici possano beneficiare di ogni amministrazione in Nigeria, manca la continuità politica. Le nuove politiche e i nuovi programmi vengono formulati abbandonando quelli vecchi nonostante i miliardi di naira stanziati. Questo accade perché questa schiera di vecchi politici farà fortuna con i nuovi progetti, abbandonando i vecchi, ed è per questo che ci sono progetti elefantiaci in tutto il Paese.

Tuttavia, oggi anche i presidenti dei governi locali possiedono conti bancari all'estero. Ad esempio, elombah ha riferito che venerdì 16 agosto 2012 Nse Ntuen, presidente esecutivo del governo locale di Essien Udim nello Stato di Akwa Ibom, è stato arrestato all'aeroporto di Baltimora, a Washington, negli Stati Uniti, per riciclaggio di denaro ed è stato trattenuto all'aeroporto dagli agenti di sicurezza per un interrogatorio approfondito. Secondo quanto riportato da elombah, al momento dell'arresto Nse Ntuen aveva dichiarato di avere solo 5.000 dollari, ma dopo una perquisizione da parte degli addetti alla sicurezza dell'aeroporto è stata scoperta l'enorme somma di 82.000 dollari in suo possesso. Tuttavia, l'intero denaro è stato confiscato ed egli è stato successivamente rilasciato. Sulla stessa scia, nel 2012, il presidente del governo locale di Ekerete Ekpenyong, del governo locale di Uyo, è stato arrestato all'aeroporto di Houston, in Texas. Come riportato da elombah, sosteneva di essere il sindaco di Uyo e che stava per dividere il denaro ai suoi "sudditi" negli Stati Uniti (www.elombah.com).

Tutti questi sono casi di riciclaggio di denaro che l'Ufficio del Codice di Condotta non ha il potere di indagare, il che rappresenta in larga misura una grave battuta d'arresto nella lotta alla corruzione in Nigeria.

Tuttavia, altri casi perseguiti dalla Commissione per i crimini economici e finanziari (EFCC) riguardano Fred Ajudua, che avrebbe truffato uno straniero per circa 1,7 milioni di dollari. Inoltre, i casi indagati dall'agenzia anti-frode (EFCC) che potrebbero dover essere condannati a diversi anni di reclusione riguardano i seguenti difensori Emmanuel Nwode, Ikechukwu Anajemba, Edeh Okoli e Amaka Anajemba (signora). I difensori sono stati classificati come i primi 419er del mondo, a causa dell'importo coinvolto, stimato in 262 milioni di dollari (Onagoruwa, 2005 e Aina, 2007).

La politicizzazione della lotta alla corruzione in Nigeria rimane una grave battuta d'arresto per la lotta alla corruzione. Purtroppo, quando in Nigeria vengono mosse accuse di corruzione nei confronti di alcuni individui, nella maggior parte dei casi i nigeriani della loro estrazione etnica o della loro zona geopolitica lo percepiscono come un "attacco" ai loro interessi corporativi o come un "attacco" mirato a umiliare il loro "figlio" o la loro "figlia" del "suolo", puntando il dito contro individui che non sono stati accusati o giudicati colpevoli di corruzione. Questo ha fatto sì che nella maggior parte dei casi le agenzie anti-frode si trovassero in uno stato di dilemma su come procedere per perseguire tali individui. Inoltre, in alcuni casi, i funzionari delle agenzie antifrode sono attaccati dai simpatizzanti di questi colpevoli di corruzione che percepiscono le agenzie antifrode (EFCC e ICPC) come selettive nell'amministrazione della giustizia. È importante affermare chiaramente che politicizzare il modo in cui vengono gestiti i casi di corruzione non porterà a nulla di buono, anzi, rafforzerà ulteriormente e istituzionalizzerà la corruzione in Nigeria, poiché oggi possiamo vedere che la corruzione è in vendita ed è disponibile solo per i migliori offerenti che possono permettersela.

Infine, il sistema legale nigeriano dovrebbe essere riformato in modo da consentire una punizione severa per i colpevoli di corruzione, in particolare creando un Tribunale anticorruzione indipendente dal Tribunale convenzionale che processerà tutti i casi di corruzione portati davanti ad esso dalle agenzie anticorruzione (EFCC e ICPC). Questo ridurrà i ritardi della giustizia associati al sistema giudiziario convenzionale in Nigeria e attenuerà le ingiunzioni dei tribunali che impediscono alle agenzie anti-corruzione (EFCC e ICPC) di arrestare e perseguire alcuni individui considerati corrotti.

c. Politicizzazione della corruzione

La politica dell'esclusione ha portato alla corruzione in Nigeria. Questo perché la religione e il fattore etnico sono diventati una piattaforma di mobilitazione sociale e politica. Ad esempio, quando le accuse di corruzione vengono mosse contro un individuo in Nigeria che, in una situazione ideale, dovrebbe dimostrare la propria innocenza davanti al tribunale o all'agenzia antifrode, preferisce cercare una piattaforma etnica o religiosa per ottenere simpatizzanti che, ignorantemente, la percepiscono come un'opportunità per vittimizzare la persona della propria estrazione etnica o religiosa o della propria zona geopolitica.

Nella maggior parte dei casi questi simpatizzanti ignoranti spesso lo interpretano come un "attacco" agli "interessi di cooperazione" della loro etnia o religione o un "attacco" mirato a umiliare il loro "figlio" o "figlia" del "suolo" puntando il dito contro individui che non sono stati accusati o giudicati colpevoli di corruzione. Questo ha reso le agenzie anti-frode perplesse su come perseguire questi individui. Inoltre, in alcuni casi, i funzionari dell'agenzia antifrode vengono attaccati da un malintenzionato che vede le agenzie antifrode come selettive nell'amministrazione della giustizia.

È opportuno notare, tuttavia, che la politicizzazione della corruzione aumenterebbe la corruzione piuttosto che alleviarla. I nigeriani devono infatti tenere lontano ogni interesse campanilistico e abbracciare una valvola nazionale di fondo che vede la Nigeria come un unico Paese che garantisce trasparenza e responsabilità.

d. Legalizzare la corruzione

In Nigeria esistono alcune leggi che promuovono e sostengono la corruzione. Queste leggi hanno reso la corruzione legale. Ad esempio, la legge che consente ai consulenti governativi di avere il 10% del contratto assegnato è una forma legale di corruzione. Oggi in Nigeria, la maggior parte dei titolari di cariche pubbliche spesso si avvale dei servizi di un loro familiare o di un loro stretto collaboratore come consulenti del governo che, nella maggior parte dei casi, riscuotono la parcella di consulenza su un contratto, di solito per la costruzione di strade, che nella maggior parte dei casi viene assegnato a diversi appaltatori che spesso fanno la caricatura del cittadino mobilitando alcune delle loro attrezzature sul posto per poi abbandonare il progetto per mancanza di fondi.

Tuttavia, l'immunità concessa ai titolari di cariche pubbliche, di solito il presidente, il vicepresidente, i governatori, ecc. nel contesto nigeriano è stata abusata, in quanto i titolari pubblici hanno trasformato l'immunità in impunità, rendendoli sconsiderati mentre erano in carica e, nella maggior parte dei casi, estendendo tale immunità oltre il loro mandato. È importante notare che rendere legale qualcosa di illegale è la peggiore forma di corruzione. Il governo deve garantire che le leggi che legalizzano le pratiche di corruzione siano abolite e che le scappatoie della corruzione nel sistema siano bloccate.

e.   Povertà e disuguaglianza

La povertà è un fenomeno indesiderabile a cui nessuno vorrebbe essere associato. Una certa povertà è una delle cause principali della corruzione diffusa tra i nigeriani poveri, ma non tra i ricchi, piuttosto l'avidità è una delle cause della corruzione tra i ricchi. Nella ricerca della sopravvivenza, i nigeriani poveri spesso indulgono in pratiche di corruzione per migliorare il loro benessere socio-economico, il che comunque non è una giustificazione, poiché la corruzione rimane corruzione indipendentemente dal fattore o dalla ragione che l'ha generata.

La maggior parte dei nigeriani è povera non perché ha scelto di esserlo, ma perché la situazione/condizione creata dalla natura sconsiderata della classe politica li ha resi tali, dato che nessuno nel suo buon senso sceglierebbe di essere povero. Inoltre, i leader del passato hanno fatto poco o nulla per affrontare questa brutta tendenza, anzi, il livello di povertà in Nigeria aumenta quotidianamente, piuttosto quello che si vede sulle pagine dei giornali è come miliardi di naira vengono rubati dai politici e dalle loro coorti.

Tuttavia, la natura endemica della povertà in Nigeria ha ampliato il divario tra ricchi e poveri. Il livello di reddito, la disparità sociale e politica tra i nigeriani sono in aumento. In Nigeria le politiche sociali sono sempre a favore dei pochi ricchi, mentre i grandi poveri sono emarginati o relegati in secondo piano, come attrattori d'acqua e raccoglitori di legna.

f. Il lavoro e l'occupazione si comprano e si vendono

L'allarmante tasso di disoccupazione in Nigeria è preoccupante. Ha quindi portato alla sottoccupazione, che è una situazione in cui un individuo, ad esempio un laureato, accetta un incarico come autista. Anche i datori di lavoro non sono d'aiuto, soprattutto se si considera che negli ultimi tempi i laureati guadagnano tra i 20.000 e i 35.000 euro come stipendio base al mese, considerando l'alto tasso di inflazione che ha esacerbato il costo della vita.

Inoltre, non è più una novità sentire parlare di racket del lavoro in istituzioni governative come l'esercito, il para-militare e le agenzie/dipartimenti, dove i candidati pagano tra N150.000 e N500.000 per assicurarsi un impiego. Inoltre, la maggior parte delle organizzazioni private e governative sono arrivate a estorcere denaro ai candidati sotto forma di vendita di moduli di domanda online.

Tuttavia, lo sforzo compiuto dalla Camera dei Rappresentanti federale per impedire ad alcuni dipartimenti e agenzie governative di raccogliere denaro dai candidati per le assunzioni è un passo nella giusta direzione, ma dovrebbe essere esteso al settore privato. Inoltre, considerando l'alto tasso di disoccupazione in Nigeria, la maggior parte delle organizzazioni private ha visto in questa pratica un'opportunità per estorcere denaro ai candidati. Per esempio, un'organizzazione privata che vuole generare più posti di lavoro, mette un annuncio per posti vacanti che non sono mai esistiti, con uno stipendio lucrativo, chiedendo di pagare N2.000 per il modulo di domanda, presumibilmente 1.000 candidati hanno fatto domanda per il rispettivo posto. Alla fine l'organizzazione genererà 2 milioni di euro, sufficienti per pagare 40 dipendenti che guadagnano 50 euro al mese. Non si dimenticherà in fretta l'esercizio di reclutamento per l'immigrazione del 2014, quando il Governo federale ha raccolto 1.000 NGN a testa da oltre 1 milione di giovani disoccupati che hanno fatto domanda, mentre durante l'esercizio si è verificata una fuga di persone che ha causato la perdita di vite umane. Sebbene il Ministero degli Interni abbia istituito una commissione per esaminare la questione, non si conosce l'esito del rapporto.

Tutte le mani devono essere impegnate per fermare questo sfruttamento, l'Assemblea Nazionale deve infatti emanare leggi che proibiscano la vendita di moduli di iscrizione da parte di organizzazioni governative e private all'interno della Repubblica Federale della Nigeria.

g. Dalla meritocrazia alla mediocrità

Il merito si sta gradualmente erodendo nella maggior parte delle organizzazioni in Nigeria, tranne in pochi casi, in quanto l'assunzione e la promozione sono determinate da un livello di connessione. Per esempio, nella maggior parte dei casi l'ottenimento di un lavoro governativo dipende da quanti senatori, ministri, governatori, generali o direttori generali si conoscono. Sono finiti i tempi in cui il livello di conoscenze non dipendeva dalla capacità di ottenere un determinato lavoro, ma si basava su test rigorosi e sulle proprie prestazioni. La maggior parte dei nigeriani poveri, che non hanno le conoscenze e non hanno i soldi per pagare il lavoro richiesto, si rivolgono a Dio per ottenere un miracolo, poiché le proprie capacità non contano. La cultura della mediocrità ha portato a un fallimento sistemico, poiché è ormai un fenomeno comune vedere il capo di un'organizzazione che non sa nulla di un lavoro, ma lascia che i suoi subordinati lo svolgano e ne ricevano il merito. Il governo a tutti i livelli deve garantire la trasparenza dei processi di assunzione e promozione in tutti i settori dell'economia, in modo da assicurare la fiducia nel sistema.

h. Caduta del livello di istruzione

Alcuni studiosi hanno sostenuto che il sistema educativo in Nigeria è crollato e altri in declino. Le conseguenze del declino degli standard educativi includono la diffusione di pratiche d'esame scorrette, la falsificazione e la contraffazione dei certificati, l'inoccupazione dei laureati, il persistente sciopero, lo scarso sviluppo dei programmi di studio, la scarsa qualità degli insegnanti, la carenza di biblioteche e di laboratori e lo scarso sviluppo delle infrastrutture. Tutti questi indicatori hanno influito pesantemente sul sistema educativo nigeriano, facendo sì che la maggior parte dei nigeriani non vedesse alcuna giustificazione per andare a scuola, dal momento che con i loro soldi possono comprare un certificato senza necessariamente frequentare le quattro mura della scuola.

Inoltre, il calo del livello di istruzione in Nigeria ha influenzato altri settori dell'economia nigeriana. Ad esempio, la qualità dei leader in Nigeria, soprattutto nelle Assemblee nazionali e statali, dove sono presenti titolari di diplomi di scuola secondaria superiore con conoscenze limitate sulla maggior parte delle questioni tecniche nazionali. Si può immaginare l'impatto che avranno nella legislazione.

i. Classe politica sconsiderata

Il livello di corruzione in Nigeria sta peggiorando a causa della natura sconsiderata della classe politica nigeriana che ha reso la corruzione un fenomeno duraturo istituzionalizzandola in Nigeria. La classe politica nigeriana trae spesso vantaggio dalla corruzione, per questo si assicura che il processo venga mantenuto, altrimenti perché le pene per la corruzione non sono severe? Perché i leader corrotti del passato non vengono perseguiti?

Inoltre, la classe politica nigeriana si assicura che le pratiche di corruzione in alcune quote siano legalizzate mantenendo lo status quo. Ad esempio, sarebbe stata abolita la legge che permette di pagare il 10% ai consulenti del governo per ogni contratto assegnato. In secondo luogo, l'incapacità della Costituzione di rendere i titolari di cariche pubbliche responsabili o perseguibili per cattiva amministrazione è anch'essa colpa della classe politica nigeriana.

Un'altra ragione che ha sostenuto la corruzione in Nigeria è l'abuso della clausola di immunità prevista dalla Costituzione. I titolari di cariche politiche si comportano male quando sono in carica, senza badare alle conseguenze delle loro azioni. Resistono all'opposizione di qualsiasi quota o di coloro che hanno opinioni e convinzioni politiche contrarie; piuttosto si impegnano in vendette politiche per raggiungere il loro obiettivo. Un'altra dimensione della natura sconsiderata della classe politica nigeriana è quella di anteporre il proprio interesse personale all'interesse nazionale, motivo per cui la maggior parte dei leader nigeriani si scontra con milioni di telespettatori per questioni di indennità e di leadership, mentre ignora o tace su questioni critiche che faranno progredire la nazione.

Infine, la sconsideratezza della classe politica che vuole ottenere tutto a tutti i costi e con qualsiasi mezzo sponsorizza la violenza elettorale nella maggior parte del Paese. Inoltre, si impegnano nella compravendita di voti durante le elezioni e mobilitano teppisti politici pronti a scatenare il terrore contro qualsiasi avversario, a spiare le urne, a sponsorizzare elettori minorenni e a promuovere il gerrymandering politico.

j. Sottofinanziamento delle istituzioni anticorruzione: Un'altra sfida che si pone agli sforzi anti-corruzione in Nigeria è che sono stati istituiti come parte del braccio esecutivo del governo, invece di essere collegati al braccio giudiziario del governo o di operare come organismo indipendente; mancano quindi di autonomia amministrativa, operativa e finanziaria (Aina, 2007). Nella maggior parte dei casi, queste agenzie anti-frode sono affamate di fondi, ostacolando così le loro operazioni nella maggior parte dei casi.

CAPITOLO 11

STRATEGIE DI LOTTA ALLA CORRUZIONE

"Se vi trovate al neurale in una situazione di ingiustizia, avete scelto la parte dell'oppressore".
L'arcivescovo Desmund Tutu, vincitore del Premio Nobel
"Chi è coinvolto in un cambiamento rivoluzionario raramente ne comprende il significato ultimo".
Boutros Boutro-Ghali, ex Segretario generale delle Nazioni Unite
"Per quanto vaste siano le nostre risorse, se non vengono utilizzate in modo efficiente, andranno a beneficio solo di pochi privilegiati, lasciando la maggioranza in povertà. Credo che se la Nigeria non uccide la corruzione, la corruzione ucciderà la Nigeria". -Il presidente Mohammadu Buhari
"I critici più accesi dell'ingiustizia e dell'oppressione si sono di solito rivelati i più grandi collaboratori nel perpetuarle" - A.S. Maliki
"Qualsiasi attacco frontale all'ignoranza è destinato a fallire perché le masse sono sempre pronte a difendere il loro bene più prezioso: la loro ignoranza" Hendrik Willem van Loon, giornalista olandese-americano

Achebe (1984:1) ha giustamente osservato che "il problema della Nigeria è semplicemente e completamente un fallimento della leadership. Non c'è nulla di fondamentalmente sbagliato nel carattere nigeriano. Il problema della Nigeria è la mancanza di volontà o l'incapacità della sua leadership di essere all'altezza della responsabilità, della sfida dell'esempio personale, che sono i tratti distintivi della vera leadership". Gli effetti della corruzione su qualsiasi società, in particolare su un Paese come la Nigeria, sono enormi, come discusso nel capitolo precedente di questo libro; pertanto, è necessario adottare misure urgenti per ridurne gli effetti al minimo e, se possibile, sradicarla completamente dalla nostra società. È opportuno notare, tuttavia, che la lotta alla corruzione in Nigeria richiede gli sforzi collettivi di tutti i nigeriani; la lotta alla corruzione, infatti, non dovrebbe essere lasciata al solo governo, ma dovrebbe essere vista come un male che richiede una condanna collettiva.

Inoltre, la lotta alla corruzione in Nigeria è multidimensionale, quindi richiede un approccio multidimensionale nella sua lotta. Sebbene gli studiosi, i politici e i gruppi della società civile abbiano proposto strategie ben articolate per combattere la corruzione in Nigeria, a livello nazionale e internazionale, il problema risiede nella mancanza di attuazione dovuta al fallimento istituzionale. Le istituzioni nigeriane, nel corso degli anni, hanno subito un'inversione di tendenza, a causa dell'incapacità di attuare politiche e programmi che influiscono sulla vita dei cittadini. Questo ha portato i cittadini a non rispettare le istituzioni.

Tuttavia, Achebe (1984:43) osserva giustamente che la corruzione è stata costruita nel corso degli anni in Nigeria. Pertanto, ci vorrà del tempo per correggerla. Aggiunge che per avviare un cambiamento nella lotta alla corruzione, il Presidente della Nigeria deve fare, e farsi vedere, un primo passo decisivo per liberare la sua amministrazione da tutte le persone su cui ha soffiato il minimo vento di corruzione e scandalo. Egli sostiene inoltre che quando il Presidente della Nigeria riuscirà a trovare il coraggio di farlo, si ritroverà da un giorno all'altro con una statura e un'autorità tali da diventare il leader della Nigeria, non solo il suo Presidente. Solo allora potrà affrontare e sconfiggere la corruzione in Nigeria.

Inoltre, diversi studiosi e scrittori hanno formulato le seguenti raccomandazioni come strategie o soluzioni al problema della corruzione in Nigeria. Adeyemi (1991) afferma giustamente: "Per combattere efficacemente l'enorme problema della corruzione in Nigeria, è necessario abbandonare completamente la procedura tradizionale del processo penale. Senza necessariamente chiudere la porta all'invocazione finale del processo penale (ma il processo penale (ma solo come ultima risorsa), la corruzione dovrebbe essere affrontata principalmente con una procedura investigativa". Ha aggiunto che dovrebbe essere istituita una Commissione nazionale di controllo della corruzione che funzionerebbe sulla base di indagini dirette da un commissario unico, che può essere investito di questioni sulla base di denunce da parte dei cittadini o a seguito della scoperta di discrepanze nelle dichiarazioni o tra le dichiarazioni e i beni conosciuti. In questo caso, il commissario unico dovrebbe avere il potere di indagare sulla questione per determinare se esiste o meno un caso prima facie di corruzione". In tempi recenti, dopo l'istituzione dell'EFCC e dell'ICPC, entrambe le agenzie anti-processo hanno la capacità non solo di indagare ma anche di perseguire i colpevoli di corruzione, sebbene le loro attività siano spesso limitate da vari provvedimenti giudiziari che impediscono loro di arrestare e perseguire i colpevoli.

Adeyemi (1991) suggerisce che le principali sanzioni per il reato di corruzione dovrebbero essere la confisca e la restituzione. La restituzione dovrebbe avvenire nei casi in cui la corruzione implichi anche o sconfini nell'appropriazione indebita di fondi pubblici o aziendali, come nei casi di inflazione di contratti. Aggiunge che lo stesso dovrebbe valere nel caso in cui l'autore della corruzione abbia un impiego privato/personale, come nel caso di un autista che convive con un meccanico per gonfiare i costi delle riparazioni e dei pezzi di ricambio, e poi divide l'eccesso con il meccanico. Inoltre, tali persone potrebbero essere multate o addirittura imprigionate, a seconda delle circostanze, nel caso in cui la reclusione e le multe sostituiscano la confisca e la restituzione. Ove appropriato, la vittima dovrebbe essere inoltre risarcita, sia essa una persona fisica, un'azienda o un ente pubblico.

Dalla raccomandazione di cui sopra, è pertinente notare che l'idea della confisca e della restituzione non è applicabile nella maggior parte dei casi in Nigeria, come misura di lotta alla corruzione, in particolare nel settore pubblico, se non fosse che lo studioso e il pensatore si riferiscono al rovesciamento della borghesia da parte della dittatura del proletariato o di quella che V.I. Lenin chiamava "Avanguardia rivoluzionaria". Per quanto bella sia questa strategia, la sua attuazione diventa difficile per i seguenti motivi:

(a)   La natura assistenziale della maggior parte dei sistemi capitalistici, soprattutto in Nord America e in Europa occidentale.

(b)   La divisione tra i proletari nigeriani: abbiamo studenti, dirigenti della classe media, in breve il proletariato di Lumpen come i contadini che sono i "miserabili della terra". La distinzione tra i proletari nigeriani rende difficile armonizzare i loro interessi.

(c)   Indottrinamento dei cittadini nigeriani: Uno degli effetti della globalizzazione è la diffusione dei valori capitalistici in tutto il mondo. La maggior parte dei nigeriani è stata indottrinata con le idee e i valori capitalistici, in particolare i dipendenti pubblici e civili, le forze di polizia e persino le forze armate, che sono state indottrinate con il modello occidentale di relazioni civili-militari e hanno accettato i ruoli costituzionalmente definiti. I servizi pubblici e civili non fanno eccezione, poiché i servizi pubblici e civili nigeriani sono stati riformati con le idee e i valori dei capitalisti.

(d) La globalizzazione stessa è una delle forze dominanti che hanno reso imperativo il crollo del sistema socialista nei primi anni '90, dopo il crollo dell'Unione Sovietica. È pertinente notare che la globalizzazione ha come forze o strumenti principali il capitalismo e la democrazia; in quanto tale, diventa chiaro che la globalizzazione contribuisce a promuovere il dominio dei valori capitalistici a livello globale. È in questo contesto che il sistema economico globale ha un'inclinazione capitalista e, per funzionare efficacemente all'interno dell'economia politica globale, ogni nazione deve essere di natura capitalista, per poter accedere al mercato globale e ai prestiti e all'assistenza del Fondo Monetario Internazionale, dei gruppi della Banca Mondiale, dell'Organizzazione Mondiale del Commercio e di altre istituzioni finanziarie multilaterali.

La Nigeria, in quanto nazione in via di sviluppo, commercia principalmente con le nazioni capitaliste mondiali e queste nazioni spesso concedono aiuti e assistenza tecnica alla Nigeria, che quindi non vorrebbe perdere questa opportunità, ma ristrutturerebbe la propria economia per adattarsi alle idee e ai valori dei capitalisti. Tuttavia, sarà giusto dire che, in quest'era globalizzata, la Nigeria non dovrebbe necessariamente cambiare o ristrutturare la sua economia in un sistema socialista, piuttosto le élite al potere dovrebbero ristrutturare il suo sistema capitalista attraverso riforme che forniscano servizi di welfare ai nigeriani. In breve, l'economia nigeriana dovrebbe essere di natura assistenziale o un capitalismo dal "volto umano". Invece di agitarsi per la rivoluzione, i nigeriani dovrebbero essere educati o consentire la partecipazione dei cittadini alla governance e alle riforme economiche che miglioreranno le sorti dei cittadini nigeriani in generale e non delle élite come avviene ora.

Odekunle, (1991) osserva giustamente che "nessuno sta dicendo che le società socialiste sono prive di corruzione; la posizione sostenuta è che tali società, per la natura della loro organizzazione, sono considerevolmente meno problematiche del tipo di prone in discussione, che è il capitalismo". Il punto da notare è che il sistema capitalistico nigeriano può essere riformato per mitigare la corruzione, poiché nessun sistema economico è privo di corruzione.

Altre misure a breve termine proposte da Odekunle (1991) per arginare la corruzione in Nigeria comprendono: Il controllo della proprietà e dei consumi acquisiti con mezzi illegali o con atti di corruzione, la considerazione della limitazione dei privilegi e del loro abuso/abuso da parte dei funzionari pubblici, la ridefinizione dell'indisciplina/corruzione come "comportamento socialmente dannoso, nocivo o lesivo degli interessi pubblici e/o aziendali, sia materiali che non materiali", le sanzioni per l'indisciplina/corruzione da uno dei due tipi di sanzioni sopra menzionati e la ristrutturazione dell'Ufficio del Codice di Condotta come agenzia esecutiva in un organismo indipendente di applicazione/indagine/indagine/procura/sanzione/educazione totalmente libero da interferenze sia da parte dei governanti politici sia da parte della professione legale nel vedere le misure a breve termine sopra menzionate. Questo includerà la Commissione per i crimini economici e finanziari (EFCC) e la Commissione indipendente per le pratiche di corruzione e altri reati connessi (ICPC); ma nel dare a queste agenzie tale "libertà", si dovrebbe piuttosto dare a queste agenzie la parola "relativa autonomia" nello svolgimento delle loro responsabilità.

Waziri, (1991) ha suggerito che "per fermare la corruzione e altri crimini economici, la società ha bisogno urgentemente di sviluppare la cultura e di inculcare il giusto senso del valore. Questa cultura deve essere sviluppata tra la gente e ciò avviene attraverso l'istruzione". Ha aggiunto che in Nigeria l'istruzione deve essere ampliata in modo massiccio prima che si possa ottenere un controllo efficace della corruzione. Una classe corrotta può facilmente ingannare una persona non istruita. È quindi necessario diffondere l'istruzione, perché quanto più rapidamente si diffonderà l'istruzione, tanto più rapidamente diminuiranno la corruzione e la concussione. Alla luce di quanto detto, l'obiettivo dell'istruzione ai fini dello sviluppo nazionale e dell'orientamento etico dovrebbe quindi essere un'istruzione universale obbligatoria ben al di sopra del livello ordinario, che deve tenere conto dell'istruzione, emergerà uno sviluppo politico accettabile e utile con fattori politici che possono essere utilizzati come armi potenti contro la corruzione e i crimini economici".

Tuttavia, il governo a tutti i livelli dovrebbe notare che la trasformazione del settore educativo in Nigeria va oltre l'aumento della qualità dell'apprendimento nelle scuole, con fattori quali il finanziamento e l'equipaggiamento delle nostre scuole con strutture moderne, la formazione della manodopera e lo sviluppo degli insegnanti a tutti i livelli del nostro sistema educativo. Inoltre, il 26% che l'Organizzazione delle Nazioni Unite per l'Educazione, la Scienza e la Cultura (UNESCO) raccomanda ai Paesi in via di sviluppo di destinare al settore educativo dal loro bilancio annuale dovrebbe essere implementato dal governo nigeriano e, così facendo, tutte le considerazioni che miglioreranno la qualità dell'istruzione in Nigeria saranno rafforzate, riducendo così la corruzione in Nigeria. Questo perché un'istruzione di qualità renderebbe i nigeriani politicamente consapevoli e sarebbero in grado di esercitare pressioni sul governo su questioni che riguardano il Paese. Inoltre, permetterebbe ai nigeriani di valutare le politiche e i programmi governativi e di sviluppare il panorama politico, economico e sociale della Nigeria.

George (1991) fornisce le seguenti raccomandazioni per arginare la corruzione in Nigeria:

(a)   Il governo dovrebbe fornire ai lavoratori pensioni più generose al momento del pensionamento. Ciò dovrebbe avvenire attraverso polizze assicurative obbligatorie e contributive.

(b)   Il cittadino illuminato è ora consapevole della necessità di ridurre la popolazione.

(c)   La società dovrebbe escogitare un mezzo per applicare sanzioni efficaci contro i corrotti, riconoscendo al contempo le virtù oneste.

(d)   Solo un miglioramento significativo dell'economia può contribuire a ridurre l'incidenza della disoccupazione.

117

(e) Il Paese merita una leadership migliore di quella che abbiamo avuto finora".

(f)   Dobbiamo cambiare il nostro atteggiamento di condiscendenza nei confronti delle frodi nella società.

(g)   La pratica di proteggere gli autori dei crimini deve essere interrotta.

L'ex direttore della ricerca della Banca Centrale della Nigeria, Awa, et al (1991), ha fornito le seguenti raccomandazioni per evitare la corruzione in Nigeria.

(a) La società nel suo complesso dovrebbe lanciare una campagna contro   la decadenza morale.

(b) Le banche dovrebbero incoraggiare un'elevata disciplina morale sviluppando una cultura aziendale che rafforzi l'impegno e la lealtà del personale.

(c) Dovrebbero essere fornite moderne attrezzature di controllo della sicurezza bancaria, come quelle per la prevenzione e l'individuazione delle frodi. Le banche dovrebbero dotarsi di macchine per la lettura dei caratteri e di telecamere a regiscopio per fotografare le persone che prelevano grandi somme di denaro. I dipartimenti di revisione interna delle banche dovrebbero essere composti da personale esperto, competente e dedicato, di provata integrità. Inoltre, tutto il personale che contribuisce all'individuazione delle frodi dovrebbe essere remunerato e tutelato.

d) I funzionari di banca corrotti dovrebbero essere perseguiti, invece di essere licenziati e lasciati liberi di andare in giro con i loro bottini, e dovrebbero essere portati in un tribunale speciale piuttosto che nei normali tribunali, dove possono essere facilmente scagionati per motivi tecnici. Inoltre, chiunque venga licenziato da una banca a causa di pratiche di corruzione non dovrebbe essere assunto in nessun'altra banca del Paese,

e) Il personale delle banche dovrebbe essere formato di tanto in tanto per aumentarne l'efficienza. Inoltre, non si dovrebbero trascurare le promozioni del personale, le retribuzioni e la permanenza del personale in un determinato posto di lavoro per un periodo troppo lungo.

Adegbite (1991) individua e valuta i seguenti sei elementi per attaccare la corruzione in Nigeria:

(a) Rafforzare il sistema giuridico ridefinendo e semplificando le varie leggi sulla corruzione.

(b) Necessità di rigenerazione morale

(c) garantire il benessere sociale adottando politiche che promuovano il benessere sociale di tutti i cittadini del Paese.

(d) Partecipazione attiva dei cittadini al controllo della corruzione, in modo tale che il sistema preveda un meccanismo che consenta ai cittadini che hanno una mentalità anticorruzione di denunciare tali elementi corrotti alle autorità competenti, senza timore di molestie, vittimizzazioni o vessazioni, a condizione che tali informatori privati non abbiano agito con dolo.

(e) Il ruolo della stampa (come quarta proprietà del regno), che è il cane da guardia dei cittadini contro tutte le forme di abuso (corruzione) inclusione, dovrebbe ricevere una più ampia protezione costituzionale della libertà di stampa.

(f) Esaltare i titolari di cariche pubbliche virtuosi: ciò significa che, oltre a condannare i cittadini corrotti, dovremmo esaltare quelli virtuosi che si sono dimostrati incorruttibili nelle delicate posizioni che hanno ricoperto in politica, nell'amministrazione, ecc.

Joda (2010) valuta le seguenti misure macro per combattere la corruzione in Nigeria (prospettiva politica):

(a) sviluppare una cultura dell'integrità tra i giovani nigeriani.

(b) Riconoscere il recupero dei beni come principio fondamentale per ridurre la corruzione attraverso l'applicazione della Convenzione anticorruzione delle Nazioni Unite e attraverso la rete globale del denaro rubato dai propri cittadini.

(c) cooperare con le istituzioni finanziarie per individuare il riciclaggio di denaro.

(d) Il coinvolgimento del settore privato nella lotta alla corruzione.

(e) Rafforzare il sistema giudiziario rendendolo indipendente.

(f) Media aperti e indipendenti che informino la popolazione sui pericoli della corruzione.

(g) Rafforzamento della capacità legislativa attraverso la divulgazione delle attività finanziarie.

(h) Rafforzare la capacità dei giovani di combattere la corruzione attraverso il loro coinvolgimento nella guerra anticorruzione.

Momoh, (2007) nel suo articolo "L'agenda del terzo mandato: A Battle to Retain or Rotate corruption", ha identificato le seguenti misure come un modo per arginare la corruzione in Nigeria: "La mia convinzione è che tutti dovrebbero essere costretti a giurare sul juju, appositamente preparato per questo scopo. È irrilevante che chi giura creda o meno nel juju. Dopo tutto, lo zucchero non ha bisogno della testimonianza di nessuno per il suo sapore dolce. Il sapore dello zucchero è diverso da quello della foglia amara, a prescindere dalle convinzioni di chiunque. È reale. Inoltre, l'uomo che crede che il juju non sia realmente efficace non perde nulla. Lasciatelo giurare lo stesso. Alcuni potrebbero obiettare che i libri sacri non scoraggeranno i nigeriani che vogliono essere corrotti. Ma io credo che a rendere efficaci i libri non siano i passi letti in quanto tali, ma le vibrazioni collettive di coloro che credono veramente in essi". Alcuni nigeriani possono accettare questa affermazione mentre altri possono non accettarla, quindi è una questione di credenze e di cultura delle persone, che varia da società a società. Ha aggiunto: "Il giuramento attivo servirà a due scopi. In primo luogo, il funzionario pubblico che ha prestato giuramento attivo sarà sempre consapevole di quella forza mistica invisibile che veglia su di lui. Anche quando si ammalerà naturalmente, il suo primo pensiero sarà quello di riflettere e chiedersi se c'è stato un momento e un luogo in cui si è comportato in modo contrario al giuramento. L'aspetto più importante del giuramento attivo è che esso genera fiducia nel sistema".

Momoh (2007) osserva che ci sono stati altri suggerimenti per affrontare il problema della corruzione. Il primo di questi è che coloro che sono stati giudicati colpevoli di pratiche di corruzione dovrebbero essere umiliati invece di essere semplicemente imprigionati o privati di parte dei loro bottini. Anche questo suggerimento è radicato nelle nostre tradizioni. Il modo originale africano di trattare un ladro era l'umiliazione e non la semplice punizione. Nel modo di pensare africano, la detenzione è più simile a una punizione che non è molto efficace per riportare una persona sulla strada della rettitudine morale. Un tempo l'adulto che rubava e veniva catturato veniva sempre fatto sfilare per le strade principali del villaggio. A volte la sfilata era accompagnata da giovani ragazze che cantavano e applaudivano in modo peggiorativo e abusivo per la vergogna del prigioniero e dei membri della sua famiglia immediata e allargata. Tradotto in tecnologia moderna, questo significa che i saccheggiatori della fiducia e dei fondi pubblici possono anche sfilare nudi nei programmi delle reti televisive. L'intera nazione condividerà lo spettacolo della vergogna. La sfilata dovrebbe essere effettuata periodicamente, a seconda della gravità della frode e della sentenza dei tribunali. L'idea alla base del ritorno è che i colpevoli diventino facilmente identificabili nella maggior parte del Paese. Questo tipo di trattamento è molto adatto anche per i rapinatori armati. Invece di tagliare loro le mani o le gambe, come alcuni sostengono, dovremmo farli sfilare nudi in TV una volta alla settimana o al mese. Nella società tradizionale, il taglio di una parte del corpo del ladro serviva a facilitarne l'identificazione. Nelle società moderne, le apparizioni televisive dei ladri saranno il mezzo di identificazione più affidabile.

Da quanto detto sopra, questa raccomandazione potrebbe non essere applicabile, perché tende a violare alcuni aspetti dei diritti umani; anche l'idea di amputare parte del corpo dei ladri nelle società tradizionali africane non è più realizzabile nella società moderna contemporanea. Inoltre, in tempi recenti, molte nazioni hanno optato per la pena di morte come metodo di esecuzione dei criminali, in particolare alcuni Stati membri dell'Unione Europea, mentre altri non l'hanno fatto.

Momoh (2007) suggerisce che "un altro suggerimento per affrontare il problema della corruzione è che dovremmo riconoscere francamente il fenomeno e legalizzarlo. Ma nel legalizzarla, possiamo stabilire quale percentuale e quale tariffa far pagare per ogni servizio. Il merito di questo suggerimento è che sarà possibile portare in tribunale un funzionario pubblico, questa volta non per corruzione ma per eccesso di corruzione". L'idea di legalizzare la corruzione è di per sé contraddittoria. Questo perché la corruzione negli ultimi tempi è ampiamente condannata, come tale è vista come un male globale; legalizzarla è una tragedia del doppio gioco".

Momoh (2007) ha suggerito che l'accountability dovrebbe essere un'attività costante e regolare nel settore pubblico e privato. Ha aggiunto che ogni ministero o parastato dovrebbe essere controllato una volta ogni tre o quattro anni, in modo che i funzionari pubblici sappiano che saranno controllati durante il loro mandato e che quindi avranno un ripensamento prima di intraprendere qualcosa di folle o non patriottico. Ha inoltre sottolineato che, secondo le parole del defunto capo Anthony Enahoro, non dovrebbero esistere ministeri sacri o persone sacre. Né ci dovrebbero essere ritardi, indecisioni o negligenza a vista nei rapporti di indagine. Ha concluso dicendo che "se la società decide di combattere la corruzione, è giusto che la lotta venga portata avanti in ogni angolo, altrimenti si creerà una situazione in cui le élite al potere diventeranno i perdenti". Ma si può sempre sostenere che una volta che le élite al potere scopriranno che i loro buchi di corruzione sono stati tappati, si muoveranno rapidamente per tappare tutti i buchi di corruzione nella società". "

Kolo (2011) afferma che, per arginare la corruzione, il governo dovrebbe rendere meno attraenti le cariche pubbliche e politiche. Questo perché è sempre più evidente che in tutto il mondo il sistema politico nigeriano è il più costoso da gestire ed è troppo costoso accedere alle cariche politiche. Aggiunge che al giorno d'oggi i politici considerano la loro aspirazione a ricoprire una carica come un investimento e ciò significa che, più alto è il costo per arrivare a ricoprirla, più aumenta la tendenza alla corruzione, dal momento che cercheranno di recuperare i loro investimenti dopo essere arrivati a ricoprirla". (Daily Sun, 30 settembre 2011) Okolo non crede che l'attuale lotta ai crimini economici sia sufficiente per ottenere i migliori risultati nel prossimo futuro. Dice: "Il nostro sistema ha bisogno di un grande orientamento e di un cambiamento di mentalità. Dovremmo renderci conto che spendere tempo per processare politici corrotti equivale a spendere denaro.

121

Pertanto, abbiamo bisogno di una legge che preveda sanzioni categoriche contro i funzionari pubblici corrotti". Sostiene inoltre che "dobbiamo fare il passo più lungo della gamba impedendo a questi politici corrotti di ricoprire o concorrere per qualsiasi carica pubblica, in modo da renderli irrilevanti in futuro".

Tuttavia, ha suggerito che coloro che sono stati insigniti di premi nazionali in passato e che sono corrotti dovrebbero essere privati di tale onore e premio, e i loro nomi dovrebbero essere pubblicati su una gazzetta e possibilmente inviati a tutte le agenzie governative e persino alle ambasciate straniere, in modo che li riconoscano come criminali, inoltre, le loro foto dovrebbero essere pubblicate su Internet. Ha aggiunto che dobbiamo esporre questi nigeriani criminali all'imbarazzo globale; dobbiamo mettere un disclaimer nazionale su di loro. Inoltre, la stessa pena dovrebbe essere comminata ai truffatori elettorali, perché hanno sperperato i fondi della nazione per raggiungere il loro scopo egoistico. Ha concluso che queste misure per arginare la corruzione sono modi semplici e intelligenti per porre fine a tutta l'avidità che porta alla corruzione.

Joda (2010) fornisce le seguenti raccomandazioni per arginare la corruzione in Nigeria, tra cui:

(a) L'amore per la propria nazione (patriottismo) da parte dei nigeriani dovrebbe essere rafforzato.

(b) Adottare la lezione appresa dall'esperienza di Singapore nella lotta alla corruzione in Nigeria.

(c) Ai giovani di questa nazione deve essere data la priorità che meritano, educandoli a importanti principi, valori, etica e norme fondamentali che si oppongono alla corruzione.

(d) I genitori dovrebbero educare i propri figli alle pratiche di corruzione.

(e) I cittadini dovrebbero ricevere buoni stipendi, benefici e gratificazioni e poi un'applicazione rigorosa e sostenuta del codice di condotta e delle misure disciplinari in ogni settore, sia nel governo che nel settore privato.

(f) Dovrebbero essere istituiti dei tribunali speciali per la Commissione per i crimini economici e finanziari e la Commissione indipendente per le pratiche corruttive per giudicare i casi di corruzione;

(g) Dovrebbero essere organizzate campagne mediatiche sostenute per evidenziare l'importanza della lotta alla corruzione;

(h) La punizione di personaggi di alto profilo dovrebbe essere considerata un forte deterrente e quindi incoraggiata.

(i) adottare una legislazione che criminalizzi la corruzione, la malversazione, l'abuso di potere e l'appropriazione indebita da parte dei funzionari pubblici;

(j) Occorre migliorare costantemente le competenze e la capacità dei funzionari investigativi dell'EFCC di raccogliere informazioni sui reati di frode e furto di beni dello Stato sia nel settore pubblico che in quello privato;

(k) Sostegno continuo alla Commissione per i crimini economici e finanziari (EFCC) e, per estensione, coordinamento delle strategie anticorruzione e delle indagini da parte dei nigeriani in patria e nella diaspora   ;

(l) Dovrebbe essere messo in atto un sistema di gestione delle informazioni equilibrato per formulare un quadro accurato dell'incidenza e della forma delle pratiche di corruzione, per evitare di intaccare l'immagine attraverso false accuse;

(m) Tutti i livelli di governo, i dipartimenti per gli appalti e la gestione dei contratti e delle finanze devono rispettare adeguatamente i requisiti e la prevenzione delle frodi, che devono essere affrontati in via prioritaria;

(n) L'idea di responsabilità per la prevenzione della corruzione dovrebbe essere correttamente collocata all'interno delle linee di gestione dei dipartimenti governativi;

(0) L'istituzione di linee telefoniche dirette contro la corruzione per la Commissione per i crimini economici e finanziari (EFCC) e la Commissione indipendente per le pratiche di corruzione e altri reati connessi (ICPC) in tutte le parti del Paese;

(p) Occorre promuovere in modo costante ricerche, analisi scolastiche e attività di advocacy per esplorare le cause, gli effetti, la crescita e le possibili "misure preventive" contro la corruzione in Nigeria.

(q) Le agenzie anti-frode dovrebbero stilare una lista nera di individui e imprese con comprovati legami con la corruzione, da rendere pubblica affinché i giovani siano frenati dalla paura delle conseguenze dei comportamenti corrotti.

(r) Dovrebbe essere effettuata una continua revisione strategica della legislazione relativa alle agenzie anti-frode per arginare le sfide poste dalle nuove tattiche degli autori dei reati, soprattutto perché le innovazioni tecnologiche cambiano di giorno in giorno.

(s) La società civile organizzata e il governo dovrebbero sostenere iniziative che motivino e sensibilizzino i giovani alla tolleranza zero nei confronti della corruzione a livello nazionale;

(t) È necessario stabilire una partnership sostenuta e sincera con l'Ufficio delle Nazioni Unite contro la droga e il crimine (UNODC), il governo e i gruppi della società civile in Nigeria per combattere la corruzione.

(u) I media nigeriani dovrebbero informare i nigeriani sull'analisi delle tendenze globali della corruzione, in modo che tali informazioni forniscano ai nigeriani informazioni preziose per lo sviluppo di strategie nel monitoraggio dei piani d'azione.

(v) Il sistema educativo nigeriano dovrebbe essere sovradimensionato e reso obbligatorio per tutti i nigeriani a livello primario e secondario.

Tuttavia, per quanto belle siano queste strategie per arginare la corruzione in Nigeria, rimangono un miraggio quando non vengono attuate. La Nigeria, come Paese, è nota per imitare buone politiche e programmi, ma fallisce a livello di attuazione. Questo perché alle passate amministrazioni nigeriane manca la volontà politica di combattere la corruzione. Infatti, fino a quando il governo non si assumerà le proprie responsabilità, come definito dalla Costituzione (che i leader a tutti i livelli di governo hanno giurato di rispettare), la lotta alla corruzione sarà solo un miraggio.

Inoltre, poiché la tendenza alla corruzione continua ad aumentare in Nigeria, se non si interviene, la mediocrità sostituirà la meritocrazia, come abbiamo visto in alcuni settori dell'economia nigeriana. Tuttavia, la Commissione per i crimini economici e finanziari (EFCC) e la Commissione indipendente per le pratiche di corruzione e altri reati correlati (ICPC) hanno cercato di ridurre il tasso di corruzione in Nigeria, ma molto deve essere fatto per sostenere il ritmo di riduzione della corruzione in Nigeria a un livello di tolleranza zero.

In generale, la corruzione negli ultimi tempi ha costituito una grande minaccia per lo sviluppo socio-economico e politico della Nigeria, per cui è necessario fare di più per ridurla al minimo e, se possibile, sradicarla. Di seguito sono riportate le strategie per arginare la corruzione in Nigeria:

(a) I nigeriani devono ammettere di avere un problema!

(b) Il problema è la corruzione!

(c) che il problema deve essere affrontato o risolto dai nigeriani!

(d) Tutti devono condannarlo!

(e) I suoi effetti/implicazioni sono negativi!

(f) È un male che non fa bene a nessuno!

(g) Richiede sforzi collettivi nella sua lotta!

(h) Non può essere estirpata, ma ridotta al minimo!

(i) Varia da società a società, a livello globale!

Fino a quando non saranno affrontate tutte le strategie di cui sopra, la ricerca della Nigeria per la lotta alla corruzione non sarà nulla, anzi, sarà uno spreco di tempo e di risorse. Solo quando saranno affrontate le questioni sopra citate, potremo prendere in considerazione i seguenti metodi per arginare la corruzione:

(a) **Criminalizzazione della corruzione:** Un modo per arginare la corruzione in Nigeria è quello di criminalizzarla. Una volta criminalizzata, infatti, la corruzione diventa un reato punibile per legge. Inoltre, sono previste pene severe come la condanna del colpevole a un minimo di 20 anni di reclusione senza multa o entrambe. Inoltre, criminalizzare la corruzione con una pena severa servirà da deterrente per coloro che cercano nelle pratiche di corruzione una via per arricchirsi o accumulare ricchezza.

(b) **Confisca / confisca e restituzione:** È deplorevole che i soldi e le proprietà rubate dai colpevoli di corruzione in Nigeria non vengano confiscati e che non si proceda alla restituzione. Questo ha fatto sì che i nigeriani con tendenze corruttive vedano le cariche pubbliche come un'opportunità per accumulare ricchezze impunemente, sapendo bene che dopo il loro periodo di detenzione (cioè se sono in prigione), potranno godere delle loro ricchezze rubate. Questo ha ulteriormente rafforzato la corruzione in Nigeria, perché i nigeriani con tendenze corruttive preferiscono affrontare umiliazioni e pene detentive per un breve periodo e godere dei loro bottini per il resto della loro vita. Pertanto, il governo deve intensificare gli sforzi per assicurarsi che i colpevoli di corruzione, le proprietà siano confiscate e il denaro saccheggiato incamerato. Inoltre, il risarcimento del danno arrecato ai cittadini deve essere versato all'erario. Questo scoraggerà i nigeriani con tendenze corruttive, che sanno che le conseguenze dell'indulgere in pratiche di corruzione sono punizioni severe e che alla fine perderanno tutto ciò che hanno ottenuto con il saccheggio.

(c) **Condanna generale della corruzione:** È vergognoso e deplorevole che alcuni nigeriani festeggino con i colpevoli di corruzione, in particolare con i politici che hanno fallito quando erano al timone degli affari nel consegnare i dividendi della democrazia al popolo. È anche vergognoso che alcuni nigeriani portino cartelli nelle strade principali, protestando che certi leader corrotti non dovrebbero essere arrestati perché sono "loro figli o figlie", "degni figli o figlie della terra". La domanda è perché alcuni nigeriani dovrebbero essere contenti di identificarsi con individui corrotti che normalmente dovrebbero essere scomunicati perché sono una vergogna per la società.

Tuttavia, la maggior parte dei leader tradizionali e religiosi in Nigeria non è riuscita a condannare la corruzione nei propri ambiti; alcuni di loro assegnano titoli a nigeriani che si rivelano essere criminali. Inoltre, se la corruzione non viene celebrata, come farebbero i leader che sono stati condannati per corruzione a recarsi nei loro luoghi di culto per ringraziare il loro "dio" per cosa? Se ci si può chiedere, non c'è ragione migliore per spiegarlo che ringraziare il loro "dio" per aver rubato.

Di fatto, finché i nigeriani a tutti i livelli non condanneranno gli atti di corruzione, la ricerca della Nigeria di combattere la corruzione sarà un miraggio. Pertanto, tutti devono essere pronti a condannare la corruzione in tutte le sue ramificazioni.

(d) Riforma del sistema educativo nigeriano: L'intero sistema educativo nigeriano deve essere riformato per essere in linea con le migliori pratiche globali. Ciò comporta la ristrutturazione dei programmi scolastici a tutti i livelli e un adeguato finanziamento delle istituzioni educative del Paese.

Tuttavia, il calo del livello di istruzione in Nigeria ha avuto ripercussioni negative su altri settori dell'economia. È abbastanza deplorevole che migliaia di laureati provenienti dagli istituti superiori nigeriani non possano essere assorbiti nell'economia, causando così disoccupazione e sottoccupazione; anche se alcuni di questi laureati sono inoccupabili, ciò può essere attribuito a fattori come la scarsa qualità dell'insegnamento, l'ambiente di apprendimento, l'inadeguatezza dei laboratori, il sovraffollamento delle aule, la carenza di biblioteche, tra gli altri.

È pertinente notare che il governo nigeriano non è riuscito, nel corso degli anni, a finanziare l'istruzione secondo gli standard richiesti, il che ha fatto sì che le istituzioni scolastiche nigeriane ammettessero un numero di alunni/studenti superiore a quello richiesto per ogni classe, con conseguente sovraffollamento delle aule che, a sua volta, influisce sull'apprendimento e, per estensione, sul rendimento degli alunni/studenti. In secondo luogo, l'atteggiamento poco attento del governo nigeriano nel corso degli anni nei confronti del settore dell'istruzione ha portato all'attivazione di programmi part-time nella maggior parte delle istituzioni terziarie nigeriane, dove l'apprendimento è scarso e gli studenti, che spesso ne sono vittime, pagano un prezzo più alto per questo apprendimento striminzito.

Infine, se il sistema educativo nigeriano venisse riformato, se sia il governo che i docenti facessero ciò che ci si aspetta, si farebbe molta strada per aumentare il livello di istruzione.

(e) Volontà politica: Una delle maggiori sfide nella lotta alla corruzione in Nigeria è stata la mancanza di volontà politica di perseguire alcuni cittadini anziani che sono corrotti. In Nigeria ci sono leader del passato a cui sono stati attribuiti alcuni atti di corruzione, che finora non sono stati portati in tribunale. Questo perché queste categorie di cittadini sono spesso descritte come "al di sopra della legge".

Inoltre, sarà difficile per qualsiasi paese in cui alcuni cittadini sono "al di sopra della legge" affermare che sta combattendo la corruzione quando i cosiddetti cittadini "al di sopra della legge" che sono corrotti non sono perseguiti se non come "capro espiatorio", ne consegue che, se il governo sarà sincero, nella sua lotta contro la corruzione: A nessun cittadino corrotto, indipendentemente dal suo status, sarà permesso di rimanere impunito (in breve, non ci dovrebbero essere vacche segrete).

Il governo deve dimostrare la volontà politica di combattere la corruzione assicurandosi che tutti i colpevoli di corruzione, indipendentemente dal loro status, siano portati davanti alla "giustizia".

(f) Riduzione della povertà: La ricerca della Nigeria per ridurre la corruzione sarà uno spreco di risorse e di tempo, se non si farà nulla per affrontare l'allarmante tasso di povertà in Nigeria. Di conseguenza, la maggior parte dei nigeriani è povera non perché è povera, ma perché il governo nigeriano, nel corso degli anni, non è riuscito a svolgere il suo ruolo costituzionalmente definito in termini di urgenza, è necessario mettere in atto politiche e programmi che siano orientati ad alleviare le sofferenze di milioni di nigeriani che sguazzano nella povertà assoluta.

(g) Aumento del livello di consapevolezza: La maggior parte dei nigeriani vede la corruzione come "dare e avere", in breve, corruzione. In realtà, la corruzione va oltre il dare e l'avere. Purtroppo, la maggior parte dei nigeriani non comprende le varie dimensioni della corruzione e spesso la vede sotto l'aspetto monetario o finanziario. Per questo motivo, i media nigeriani hanno un ruolo significativo da svolgere in questo senso, nell'educare i nigeriani sui vari atti o tipi di corruzione, sulle sue implicazioni e sui modi per arginarla. Transparency International (2007) afferma che un altro risultato dei 20 workshop tenutisi nel novembre/dicembre 2003, ha portato le organizzazioni della società civile, i media, il settore privato e altre parti interessate a partecipare a un dibattito aperto sui risultati delle tre indagini, sulle raccomandazioni e sulle misure da adottare a livello nazionale per affrontare la corruzione e migliorare la governance. Alcuni suggerimenti includevano il sostegno a iniziative di educazione pubblica, l'istituzione di migliori controlli sui funzionari eletti, o la reintroduzione di esami competitivi per l'impiego nel servizio pubblico e altre idee per aumentare la trasparenza2.

(h) Il ruolo del governo: Nel corso degli anni, l'amministrazione non è riuscita a svolgere le funzioni costituzionalmente definite di fornire i servizi di base ai suoi cittadini; questo ha fatto sì che i cittadini si abbandonassero a tutte le forme di mezzi illegittimi per guadagnarsi da vivere. Di fatto, il governo nigeriano dovrebbe assumersi le proprie responsabilità nello svolgere i ruoli costituzionalmente definiti per portare soccorso alle difficoltà di molti nigeriani. Per estensione, l'impatto delle politiche e dei programmi governativi dovrebbe essere percepito da tutti i nigeriani e non da pochi individui. Inoltre, il governo deve mostrare un impegno sincero nella lotta alla corruzione, piuttosto la lotta alla corruzione non deve essere vista come un'occasione per dare la caccia ai nemici politici.

(i) **Vietare ai colpevoli di corruzione di ricoprire cariche pubbliche**: I nigeriani accusati e riconosciuti colpevoli di corruzione dovrebbero essere banditi a vita dalle cariche pubbliche. È piuttosto spiacevole che i politici corrotti del passato e i funzionari governativi che sono stati accusati e riconosciuti colpevoli di corruzione mentre erano in carica, finora siano autorizzati a concorrere per posizioni elettive o per qualche incarico, cosa che non dovrebbe accadere in una società ideale che rifugge dalla corruzione, ma in Nigeria oggi accade il contrario. Dovrebbe essere approvata una legge che vieti ai leader o agli individui corrotti di ricoprire qualsiasi carica pubblica.

(j) **Promuovere la responsabilità e la trasparenza (PAT):** Dovrebbe essere effettuata una valutazione mensile dei registri dell'organizzazione nel settore pubblico e privato. Ciò consentirà ai nigeriani di coltivare l'abitudine alla responsabilità e alla trasparenza in tutti i loro rapporti. A tutti i livelli di organizzazione (pubblica e privata) il personale dovrebbe essere obbligato a fornire mensilmente un resoconto dettagliato di tutte le proprie attività, al fine di bloccare qualsiasi scappatoia corruttiva e renderlo responsabile e trasparente in tutti i suoi rapporti.

(k) **Il ruolo dei nigeriani:** La corruzione è un fenomeno globale, anche se in alcune società è peggiore di altre. I nigeriani, a tutti i livelli, devono vedere la corruzione come un male globale che non fa bene a nessuno e quindi tutti devono essere impegnati nella sua lotta. È opportuno notare che la lotta alla corruzione non è destinata al solo governo, ma agli sforzi collettivi dei nigeriani.

Inoltre, i nigeriani dovrebbero imparare a condannare la corruzione nella sua interezza, anziché vederla come uno stile di vita. I nigeriani dovrebbero anche vedere la lotta alla corruzione come una lotta che richiede sforzi collettivi, piuttosto che vederla come una lotta contro alcuni individui, gruppi, tribù, religione o regione. A coloro che sono accusati di corruzione dovrebbe essere permesso di affrontare la piena collera della legge e, così facendo, si porterà un certo livello di sanità mentale nella nostra società.

(I) **Istituire tribunali speciali che processino i colpevoli di corruzione:** Il governo dovrebbe intensificare gli sforzi per istituire un tribunale indipendente, diverso dal sistema giudiziario convenzionale, esclusivamente per giudicare i casi di corruzione.

Questo suggerimento è dovuto ai ritardi nell'esecuzione delle sentenze nei casi di corruzione nel sistema giudiziario convenzionale. L'istituzione di un tribunale speciale per perseguire i casi di corruzione dovrebbe avere notevoli livelli di autonomia per quanto riguarda i finanziamenti, la nomina del presidente e la volontà politica di perseguire qualsiasi cittadino, indipendentemente dal suo status, per accuse di corruzione. Anche se le attività di questo tribunale dovrebbero essere soggette a controlli, ma tali controlli non dovrebbero ostacolare il suo ruolo nel perseguire i casi di corruzione.

(m) **Rimozione dell'immunità dopo il mandato:** Sono stati sollevati molti dibattiti sulla rimozione o meno dell'immunità ai titolari di cariche pubbliche. Inoltre, coloro che sono a favore dell'immunità giustificano le loro affermazioni con il fatto che la rimozione dell'immunità dai titolari di cariche pubbliche consentirà a certi individui di troncare la governance intentando cause contro di loro al fine di distruggere il processo di governo. Questa affermazione è giustificabile nel contesto nigeriano, considerando la natura della maggior parte dei politici nigeriani che non accettano la sconfitta alle urne.

Tuttavia, l'immunità per la maggior parte dei titolari di cariche pubbliche è stata abusata dai titolari di cariche pubbliche in Nigeria, in quanto molti la vedono come un'opportunità per usare la propria carica per accrescere il proprio prestigio personale. L'immunità non dovrebbe essere estesa dopo che un particolare titolare di carica ha lasciato l'incarico, ma dovrebbe essere un momento in cui un titolare di carica pubblica dovrebbe dimostrare il proprio valore, se davvero ha fatto ciò che era giusto mentre era in carica o meno.

È in questo contesto che l'immunità per i titolari di cariche pubbliche non dovrebbe essere estesa dopo che tali individui o gruppi di persone hanno terminato di servire a qualsiasi titolo.

(n) **La lotta alla corruzione non deve essere selettiva o uno strumento per combattere nemici o avversari politici:** Anche se coloro che sono stati processati qualche anno fa per corruzione dalle agenzie anti-frode erano corrotti, ma per avere il sostegno totale dei nigeriani nella lotta alla corruzione il governo non dovrebbe essere selettivo nella sua lotta, piuttosto, gli individui o i gruppi trovati colpevoli di corruzione, a prescindere dalla loro posizione sociale, dovrebbero essere autorizzati ad affrontare la piena collera della legge.

Tuttavia, le conseguenze di un'azione penale selettiva nei confronti dei colpevoli di corruzione è che crea un'opportunità per i colpevoli di allinearsi con le istituzioni e le persone incaricate di perseguire la corruzione e, di conseguenza, questi stessi colpevoli di corruzione possono anche corrompere la loro via d'uscita (dall'essere perseguiti). Ad esempio, la commissione della Camera istituita per indagare sulla truffa dei sussidi per il carburante all'inizio del 2012, sarebbe stata corrotta da alcune delle società incriminate, in particolare dalla Zenon Oil and Gas Nig. Ltd.

È in questo contesto che il governo nigeriano deve intensificare gli sforzi nella lotta contro gli individui o i gruppi corrotti e non deve essere selettivo; piuttosto, deve consegnare ogni colpevole di corruzione alla "giustizia" o affrontare la piena collera della legge.

(0) Le onorificenze e i premi nazionali dovrebbero essere assegnati a persone non corrotte: In passato, le onorificenze e i premi nazionali sono stati spesso assegnati a persone con un carattere impeccabile che hanno contribuito in modo significativo al benessere socio-economico e politico del Paese. Oggi non è più così strano che le onorificenze e i riconoscimenti nazionali vengano assegnati a persone che hanno fallito nel governo del Paese e che hanno un carattere discutibile. Questo è visibile nelle istituzioni educative della Nigeria, dove vengono conferiti dottorati ad honorem a leader e politici che sono stati incriminati o che pochi mesi dopo il conferimento dei premi sono stati accusati di corruzione. Il governo a livello nazionale dovrebbe rivedere i processi e i criteri per l'assegnazione di onorificenze e riconoscimenti nazionali, nonché ritirare le onorificenze e i riconoscimenti nazionali assegnati a leader del passato che si sono poi rivelati corrotti. Le onorificenze nazionali non dovrebbero essere monetizzate, bensì basate sul merito e sulla competenza.

(p) La dichiarazione dei beni dovrebbe essere resa obbligatoria per ogni persona che ricopre un incarico politico prima di assumerlo e dopo averlo lasciato, non dovrebbe essere una questione di "principio" come suggerito da alcuni leader nigeriani. Inoltre, l'Ufficio del Codice di Condotta, che è investito di questa responsabilità, deve essere all'altezza della sfida, assicurando che tutti i titolari di cariche pubbliche dichiarino i propri beni prima e dopo aver lasciato l'incarico, a qualsiasi titolo. Infine, la dichiarazione patrimoniale dovrebbe diventare un criterio per essere eletti o nominati in cariche pubbliche in Nigeria.

(q) Il sostegno internazionale alla lotta contro la corruzione è fondamentale perché contribuirà a scoraggiare il riciclaggio di denaro. Fagbadebo (2007) ha notato che i Paesi sviluppati sono ipocriti riguardo al loro dichiarato impegno a scoraggiare la corruzione nei Paesi in via di sviluppo. Le recenti rivelazioni in Nigeria lo dimostrano. Una delle condizioni per la remissione del debito e il miglioramento degli aiuti allo sviluppo dall'estero era la riduzione del livello di corruzione. Tuttavia, le missioni straniere in Nigeria avrebbero esercitato pressioni sull'ufficio del bilancio per garantire che le procedure di selezione e approvazione dei contratti fossero aggirate per favorire i candidati da loro scelti. L'esca era che tale favore li avrebbe indotti a fare pressione sui loro Paesi d'origine affinché sostenessero la remissione del debito della Nigeria e fornissero ulteriori aiuti allo sviluppo (Odion, 2005). Che contraddizione! Questo è il tipo di situazione che avrebbe potuto spingere Hawley (2000) a condannare le attività delle multinazionali che favoriscono la corruzione nei Paesi in via di sviluppo. Egli ha quindi proposto che "un'azione efficace contro la corruzione deve comportare sanzioni efficaci da parte dei Paesi in via di sviluppo contro le multinazionali che si impegnano in pratiche di corruzione; una maggiore trasparenza politica per eliminare la segretezza in cui prospera la corruzione; e la resistenza all'estensione acritica delle privatizzazioni e delle politiche economiche neoliberiste" (Fagbadebo 2007).

L'argomentazione di Fagbadebo (2007) è che le multinazionali, sostenute dai governi occidentali (che si suppone stiano conducendo una vigorosa guerra contro la corruzione per promuovere il buon governo) e dalle loro agenzie, si stavano impegnando surrettiziamente nella corruzione su larga scala nei Paesi in via di sviluppo. Questa è quella che ha definito un'assurdità.

Ake (1981) ritiene che questo tipo di corruzione sia stato causato dalle attività promozionali di multinazionali senza scrupoli, con la connivenza attiva dei politici locali, per incoraggiare iniziative industriali inutili al fine di vendere impianti e macchinari. "Tali iniziative sono sempre state costose e hanno aggravato i problemi della bilancia dei pagamenti del Paese. Erano spesso legate ad accordi di gestione di sfruttamento che non solo minacciavano la loro redditività economica, ma anche la loro capacità di promuovere l'autosufficienza (ibidem)".

Nel complesso, quando sono state adottate tutte le misure per domare la corruzione in Nigeria e sembra che non ci sia rimedio, la nostra posizione è che la pena capitale rimanga l'ultima opzione. Questo perché l'allarmante tasso di corruzione in Nigeria è stato reso necessario dalla debolezza delle pene anticorruzione e dalla mancanza di volontà politica da parte dei leader nigeriani a cui la corruzione ha giovato o che godono dello status quo.

131

BIBLIOGRAFIA

Aaronberg, D & Higgins, N (2010) "The Bribery Act 2010: all bark and no bite......?
Archold Review (Sweet & Maxwell 2010(5)

Achebe, C. (1984) Il problema della Nigeria. Harlow Heinemann

Adegbite, L. (1991) Verso l'evoluzione di una società libera dalla corruzione. Il ruolo e i doveri dei cittadini in Kalu, A. U & Osinbajo, Y (1991) (a cura di) Perspectives on Corruption and other Economic Crimes in Nigeria Lagos Ministero federale della Giustizia.

Adekoya, F (1991) Towards the Evolution of corrupt free society- The Role of Duties of the Citizenry in Kalu, A. U & Osinbajo, Y (1991) (eds.) Perspectives on Corruption and other Economic Crimes in Nigeria Lagos. Ministero federale della Giustizia.

Aina, D. A (2007) (a cura di) Corruzione e sfida dello sviluppo umano. Pubblicazione del Centro di studi sulle politiche, i conflitti e le strategie dell'Università Babcock.

Aiyede, R.E. (2000): Il ruolo dell'INEC, dell'ICPC e dell'EFCC nella lotta alla corruzione politica, in Adetula, V.A (a cura di) Money and Politics, Abuja, Petra Digital Press.

Akin- George J. (1991) Social & economic Foundation of Corruption & other Economic Crimes in Nigeria in Kalu, A. U & Osinbajo, Y (1991) (eds.) Perspectives on Corruption and other Economic Crimes in Nigeria Lagos. Ministero federale della Giustizia.

Akinola, S.B (1991) Towards the Evolution of a Corrupt Free Society - The Role of Religious leadership in Kalu, A. U & Osinbajo, Y (1991) (eds.) Perspectives on Corruption and other Economic Crimes in Nigeria Lagos. Ministero federale della Giustizia.

Aluko, J.O.(2006) Corruzione nel sistema di governo locale in Nigeria, Ibadan: Oluben Printers

Andvig, J.C (2008): Corruzione e conflitti armati: Somestirring Around in the Governance Soup Istituto Norvegese di Affari Internazionali

Awa, U.K & Osinbajo, Y (eds.) (1991): Perspectives on Corruption and other Economic Crimes in Nigeria, Lagos. Ministero federale della Giustizia

Ayoade, M. A (1991) Verso l'evoluzione di una società libera dalla corruzione. The role and Duties of the Citizenry in Kalu, A. U & Osinbajo, Y (1991) (eds.)

Perspectives on Corruption and other Economic Crimes in Nigeria Lagos. Ministero federale della Giustizia.

Baran, P. (1957) L'economia politica della crescita: New York: Monthly Review Press

Bello, E, G (1991) Evolution a Legal and Institutional Framework for Combating Corruption and other Economic Crimes in Nigeria in Kalu, A. U & Osinbajo, Y (1991) (eds.) Perspectives on Corruption and other Economic Crimes in Nigeria Lagos. Ministero federale della Giustizia.

Dizionario da camera del XX secolo

Charles, H (2006): Politica comparata: Risposte nazionali alle sfide globali: Quinta edizione Belmont: Thomson Wadsworth

Chori, F.B.N (2010): Politica: The Nigerian Perspective: Yabyang Publishers, Jos.

Chukkel, K.S. (2009): Un'efficace azione penale contro la corruzione in Nigeria e il ruolo dei tribunali: Challenges, Constraints and Prospect; Nigeria Anti-Corruption and Financial Crimes Summit.

Dizionario inglese Collins 8a edizione, 2006

Rivista Cross Roads 4 luglio[th] 2012 Edizione Anniversario Vol. 18

Daily Sun 30 settembre 2011

Daily Times lunedì 16 maggio 1983

Legge EFCC 2004

Fadayomi, E. F (1991) L'eliminazione della corruzione e di altri reati economici nell'ambito dell'amministrazione della giustizia: problemi e prospettive.

Fashagba, J. Y (2009) "La supervisione legislativa nel sistema presidenziale nigeriano" The Journal of Legislative studies Vol 15 No 4 December, 2009

Goldstem, J.S & Perehouse, J.C (2008) Relazioni internazionali Ottava edizione: New York Pearson Longman

Giornale Guardian 4 aprile 2010

Heywood, A (2007) Politica. Terza edizione New York: Palgrave Macmillian

Dizionario inglese Hugo, 2006

Legge ICPC 2000

Ishowo, L. (2015) Nigeria: A Bizarre Contraption: Un resoconto socio-politico in uno Stato-nazione fragile: Lagos hMage Media Prints Ltd. 179 e 192 http://www.thisdaylive.com/articles/

Joda, H.T (2010): Manuale anticorruzione per i giovani nigeriani: A Fundamental

Paradigm for Re-Branding Education, Business, Politics; New Jersey Prentice-Hall Inc.   Englewood Cliffs.

Johnson, M.(2000): Corruption and Democratic Consolidation Prepared for a Conference on Democracy and Corruption   Princeton University.

Johnson, S (1991) Definizione e caratteristiche della corruzione e di altri crimini economici.

Kalu, A. U & Osinbajo, Y (1991) (a cura di) Perspectives on Corruption and other Economic Crimes in Nigeria Lagos. Ministero federale della Giustizia.

Kegley, C. W. & Blanton, S. L. (2011) Tendenza e trasformazione della politica mondiale. Edizione internazionale: Boston Wadsworth

Lawal, G. e Tobi, A. (2006) Corruzione burocratica, buon governo e sviluppo: The Challenges and Prospects of Institution Building in Nigeria Journal of Applied Sciences Research, 2(10): 642-649, 2006

Maikori, A. A (1991) White Collar Criminality and Frauds in Financial Institutions in Nigeria- Possible Solutions in Kalu, A. U & Osinbajo, Y (1991) (eds.) Perspectives on Corruption and other Economic Crimes in Nigeria Lagos. Ministero federale della Giustizia.

Michels, R (1911) I partiti politici: A Sociological study of the Oligarchical Tendency of Modern democracy New York: Collier

Mohammed, B. H (1991) Corruzione: Why it thrives in Kalu, A. U & Osinbajo, Y (1991) (eds.) Perspectives on Corruption and other Economic Crimes in Nigeria Lagos. Ministero federale della Giustizia.

Momoh, Z. & Attah, J.P. (2018). La corruzione e il paradosso della povertà in Nigeria *Global Journal of Applied, Management and Social Sciences (GOJAMSS); Vol.15 :140 - 148.*

Momoh, Z. (2013) I volti della corruzione in Nigeria Prima edizione Jos Global Multi- Service Ltd

Momoh, Z. (2015) Corruzione e governance in Africa International Journal of Humanities and Social Science (IJHSS) Vol. 3 (10), 99-111

Momoh, Z. (2015). Corruzione e governance in Africa *International Journal of Humanities and Social Science (IJHSS) Vol. 3 (10), 99-111.*

Momoh, Z. (2022). Economia politica delle scelte pubbliche e della corruzione: Analisi costi-benefici The International Journal of Social Sciences and Humanities Invention Vol. 9 (11),7336-7342

Momoh, Z., Anuga, J.A., & Anagba, J. O. (2018). Implicazioni della scarsa fornitura di elettricità sullo sviluppo nazionale della Nigeria Lettere *umanistiche e sociali Vol.6, (2), 31-40* **DOI:** 10.18488/journal.73.2018.62.31.40

Monguno, SA (1991) Corruzione: Why it thrives in Kalu, A. U & Osinbajo, Y (1991) (eds.) Perspectives on Corruption and other Economic Crimes in Nigeria Lagos. Ministero federale della Giustizia.

Mosca, G. (1939) La classe dirigente. New York Mc Graw-Hill

Musa, S. (1991) Anatomy of Corruption and other Economic crime in Nigerian Public Life in Kalu, A. U & Osinbajo, Y (1991) (eds.) Perspectives on Corruption and other Economic Crimes in Nigeria Lagos. Ministero federale della Giustizia.

National Concord Lunedì 16 maggio 1983 Frode a P e T

Specchio Nazionale Mercoledì 24 aprile 2013 Vol. 3 N0 606

Commissione nazionale di pianificazione 2005

Manuale anticorruzione e guida alla formazione NAVC

New African Report (2009) Rivista 43rd anno novembre 2009. N 489 "Chi promuove la corruzione in Africa?".

Odekunle, F (1991) Controllare l'indisciplina e la corruzione in Nigeria. Misure fondamentali e a breve termine, in Kalu, A. U & Osinbajo, Y (1991) (a cura di) Perspectives on Corruption and other Economic Crimes in Nigeria Lagos. Ministero federale della Giustizia.

Odekunle, F (1991) Illustrazioni di tipi, modelli e vie della corruzione in Nigeria una tipologia in Nigeria in Kalu, A. U & Osinbajo, Y (1991) (eds.) Perspectives on Corruption and other Economic Crimes in Nigeria Lagos. Ministero federale della Giustizia.

Ogwuma, P. A (1991) White Collar Criminality (And Frauds) in Financial Institutions in Nigeria- possible solutions in Kalu, A. U & Osinbajo, Y (1991) (eds.) Perspectives on Corruption and other Economic Crimes in Nigeria Lagos. Ministero federale della Giustizia.

OJaide, F. (2000). Il commercialista professionista e la crociata anticorruzione" in *Notizie ICAN* luglio/settembre 2000

Ojo, O (2007) "A Political Economy Approach to Understanding corruption and the Challenge of Human Development" in Aina, D. A (2007) (a cura di)

Corruption and the Challenge of Human Development. Una pubblicazione degli studi di politica, conflitti e strategie dell'Università Babcock.

Okunola, M. (1991) Controllare l'indisciplina e la corruzione in Nigeria. Misure fondamentali e a breve termine, in Kalu, A. U & Osinbajo, Y (1991) (a cura di) Perspectives on Corruption and other Economic Crimes in Nigeria Lagos. Ministero federale della Giustizia.

Olufon. G.K. (1991) Money Laundering in Nigeria in Kalu, A. U & Osinbajo, Y (1991) (eds.) Perspectives on Corruption and other Economic Crimes in Nigeria Lagos. Ministero federale della Giustizia.

Olusegun, A. (2011): Potere, politica e morte; Lagos; Prestige Imprint.

Osinbajo, Y & Ajayi O (1991) Money Laundering in Nigeria in Kalu, A. U & Osinbajo, Y (1991) (eds.) Perspectives on Corruption and other Economic Crimes in Nigeria Lagos. Ministero federale della Giustizia.

Dizionario conciso di politica di Oxford, 2003

Oye, N. D. (2013) Ridurre la corruzione nei Paesi africani in via di sviluppo: The Relevance of E-Governance Greener Journal of Social Sciences ISSN: 2276-7800 Vol. 3 (1), pp. 006-013, gennaio 2013.

Pareto , V. (1935) La mente e la società New York Harcourt - Bracl

Parray , G. (1969) Elites politiche: Londra George Alles & Unwin.

Shively, W.P. (2008) Potere e scelta: Un'introduzione alla scienza politica: Undicesima edizione: NewYork   Mc Graw-Hill

The Weekly Star del 15 maggio 1983

Ubeku, A. K (1991) The social & Economic Foundations of Corruption & other Economic Crimes in Nigeria in Kalu, A. U & Osinbajo, Y (1991) (eds.) Perspectives on Corruption and other Economic Crimes in Nigeria Lagos. Ministero federale della Giustizia.

Programma di sviluppo delle Nazioni Unite (UNDP) Rapporto 1999

Rapporto 2009 dell'Ufficio delle Nazioni Unite contro la droga e i crimini (UNODC).

Dipartimento del Commercio degli Stati Uniti; Holland & Hart International Practice Group Trip Mackmtosh e OCSE.

Rapporto del Dipartimento di Giustizia degli Stati Uniti---------------

USAID, (2006) Valutazione della democrazia e della governance in Nigeria.

Waziri, AA (1991) Anatomy of Corruption & other Economic Crimes in Kalu, A. U & Osinbajo, Y (1991) (eds.) Perspectives on Corruption and other Economic Crimes in Nigeria Lagos. Ministero federale della Giustizia.

Waziri, F. (2009): The Rule of Law and the Challenges of Investigation and Prosecution of Corruption and Money Laundering (Lo Stato di diritto e le sfide delle indagini e dei procedimenti giudiziari in materia di corruzione e riciclaggio di denaro), documento presentato al Nigerian Anti-Corruption and Financial Crimes Summit del 9-10 novembre   2009.

Wright, Mills C (1934) L'élite del potere New York Oxford University Press

www.dictionary.com accesso 05/08/2011alle 16:00

www.elombah.com accesso 18/08/2013 entro le 14:48

www.hrw.org/news/ accesso 2010/08/17 14:00

www.imostateblog.com/accessed 2010/08/17 2:00 pm

www.jpiwuoha.blogspot.com/ accesso 2013/10/12 2:00 pm

          www.nigershowbiz.com/failed-prosecution-of-ndudi-elumelu-how-president-goodluck-jonathan-sabotages-corruption-cases/   19/03/2015 08:42 pubblicato giovedì 19 marzo 2015

www.sk.gov.1b/faq.shtml accesso 30/10/2011 entro le 20:15

www.thegemmige.com accesso 05/08/2011 dalle ore 05:46

www.transparencyinternational.org accesso 20/06/2012 entro le ore 16:00

www.vanguardngr.com accesso 20/06/2012 entro le 16:00

APPENDICE A

Sahara Reporter ha riferito che "una lettera scritta da Ndudi Elumelu e indirizzata al Presidente Goodluck Jonathan. Il documento, datato 11 ottobre 2011, fornisce uno spaccato della cospirazione di alto livello che ha portato al collasso dei casi di corruzione sotto la guida del Presidente Jonathan. Nella lettera, Elumelu dipinge un quadro di molestie da parte del defunto Presidente Umaru Yar'adua. Elumelu ha affermato che l'ex sovrano è stato mal consigliato da alcune persone che hanno deciso di intentargli una causa".

Nella lettera si legge:

"Eccellenza,

Dr. Goodluck Jonathan,

Presidente e Comandante in Capo della

Repubblica Federale di Nigeria,

State House, Abuja.

Data: 11 ottobre 2011

Gentile Signore,

RE: PROSECUZIONE INUTILE DELL'ON. NDIDI ELUMELU E DI ALTRE 8 PERSONE E SPRECO DI OLTRE 100 MLD DI FONDI PUBBLICI DA PARTE DELL'EFCC.

Innanzitutto, vogliamo apprezzare gli sforzi di Sua Eccellenza nel guidare la nave di questo Paese nella giusta direzione. La nostra preghiera è che il buon Dio continui ad assistere Sua Eccellenza nel risolvere le miriadi di problemi che affliggono il nostro grande Paese.

Eccellenza, la nostra attenzione è stata attirata dalla prosecuzione dell'azione penale nei confronti di Hon Ndudi Elumelu e di altre 8 persone presso l'Alta Corte di Gudu, Abuja (CHARGE NO: CR/39/2009) e l'Alta Corte Federale, Abuja CHARGE NO: FHC/ABJ/CR/87/2009).

Signore, non ignoriamo la volontà di Sua Eccellenza di preservare e sostenere lo Stato di diritto e di farlo prevalere in ogni momento. Tuttavia, siamo fermamente convinti che quando un passo sbagliato viene compiuto dal proprio predecessore in carica, che è stato erroneamente fuorviato da consiglieri egoisti, è giusto che Sua Eccellenza, essendo un Presidente in carica, dia le direttive necessarie per rimediare all'errore.

Eccellenza, nel novembre 2008 il defunto Presidente Yar Adua ha dato il suo assenso al

138

bilancio modificato per l'anno 2008. Nel bilancio modificato erano previsti progetti di elettrificazione rurale che dovevano essere eseguiti dall'Agenzia per l'Elettrificazione Rurale (REA). I progetti hanno due componenti: progetti solari e progetti di estensione della rete elettrica da realizzare in tutta la Federazione.

Signore, la REA ha ricevuto le direttive ministeriali per l'esecuzione dei progetti e i progetti sono stati assegnati agli appaltatori meritevoli nel dicembre 2008. I progetti solari dovevano essere completati entro sessanta (60) giorni, il che significa che entro febbraio 2009 i progetti solari sarebbero stati completati, mentre i progetti di estensione della rete dovevano essere completati entro novanta (90) giorni, il che significa che entro marzo 2009 i progetti di estensione della rete sarebbero stati completati.

Signore, la REA ha pagato il 15% iniziale di spese di mobilitazione agli appaltatori e i pagamenti sono stati garantiti da certificati di garanzia di pagamento anticipato (APGS). Inoltre, poiché i progetti hanno un breve periodo di completamento, l'85% del saldo del contratto è stato rilasciato ai banchieri degli appaltatori e lo stesso è stato garantito con certificati di garanzia di pagamento anticipato (APGS). Una copia dell'APG del 15% e dell'APG dell'85% per uno degli appaltatori è allegata e contrassegnata con gli allegati A e B per facilitare la consultazione.

Vostra Eccellenza, la REA ha anche scritto una lettera ai banchieri che proibisce alle banche di rilasciare qualsiasi parte del saldo contrattuale dell'85% fino a quando i progetti non saranno completati e le banche non avranno ricevuto istruzioni scritte dalla REA per pagare il denaro. Una copia di tale lettera è allegata e contrassegnata come Allegato C.

Eccellenza, nella storia dell'elettrificazione rurale di questo Paese, i successi registrati dalla REA nell'esecuzione dei progetti non sono stati superati da nessuna MDA. Gli appaltatori sono stati soddisfatti e si sono concentrati sui progetti con vigore, avendo ricevuto garanzie di pagamento al termine dei lavori.

Purtroppo, il defunto Presidente Yar Adua fu informato erroneamente che i funzionari della REA avevano colluso con l'onorevole Ndudi Elumelu e altri membri dell'Assemblea Nazionale per sottrarre il saldo del contratto dell'85%. Il defunto Presidente non è stato informato adeguatamente prima di autorizzare il procedimento giudiziario contro le persone accusate da parte dell'EFCC nel maggio 2009.

Eccellenza, è motivo di grande preoccupazione il fatto che a maggio 2009, quando gli imputati sono stati citati in tribunale, su quaranta (40) progetti solari, diciotto (18) erano stati completati, mentre sessanta (60) progetti erano stati completati su centotredici (113)

139

progetti di estensione della rete elettrica assegnati dalla REA.

Eccellenza, tre mesi dopo che gli imputati sono stati chiamati in giudizio, la presidente dell'EFCC, Madam Waziri, ha confermato nella sua lettera datata 18 agosto 2009 e ha dichiarato, tra l'altro, che alcuni dei progetti sono stati ispezionati da agenti di questa commissione e hanno osservato che in alcuni casi i progetti sono stati completati mentre altri sono in corso. Una copia della lettera è allegata al documento D.

Eccellenza, nell'aprile 2011 il Ministero federale dell'Energia ha scritto due lettere relative ai progetti. La prima lettera era indirizzata a ciascun appaltatore sotto forma di certificato di completamento dei lavori, mentre la seconda era un'istruzione alle banche di pagare agli appaltatori l'85% del saldo del contratto in loro custodia. Le copie delle due lettere sono allegate al presente documento e contrassegnate rispettivamente con le lettere E e F.

Eccellenza, ci permetta di porre questa domanda. Se l'onorevole Ndidi Elumelu e le altre persone accusate hanno sottratto l'85% del saldo del contratto, come sostiene l'EFCC, da dove il Ministero federale dell'Energia ha preso il denaro da pagare agli appaltatori?

Eccellenza, la lettera dell'EFCC datata 18 agosto 2009 (Reperto D) e le due lettere del Ministero Federale dell'Energia Elettrica datate 18 aprile 2011 (Reperti E e F) sono sufficienti a dimostrare che non ci sono ragioni legali o morali giustificabili per permettere a questo procedimento di continuare quando non è stato perso o rubato o scomparso del denaro, i progetti sono già stati completati e le comunità ne stanno beneficiando. In effetti, in altri Paesi, la Procura avrebbe il pudore e il coraggio di informare l'Onorevole Corte che, alla luce del contenuto della lettera dell'EFCC (Reperto D) e delle due lettere del Ministero federale dell'Energia (Reperti E e F), la Procura non è più interessata a proseguire il caso. Questo evento si è verificato di recente negli Stati Uniti, quando il procuratore distrettuale di Manhattan e i procuratori di New York hanno chiesto di ritirare le accuse contro l'ex direttore generale del FMI Strauss Khan (DSK) dopo aver scoperto contraddizioni nelle testimonianze della presunta vittima di stupro.

Eccellenza, il nostro umile appello è che la prosecuzione di questo caso sta intaccando le scarse risorse del Paese. Abbiamo appreso da fonti attendibili che l'avvocato privato ingaggiato dall'EFCC viene pagato per la somma di N100 milioni di dollari (cento milioni di naira), oltre ad altre spese. Questa enorme somma di denaro potrebbe fornire progetti solari in alcune comunità che vivono nell'oscurità o soddisfare i bisogni sanitari di numerose comunità e villaggi.

Signore, la domanda che ci assilla è molto semplice. Perché dobbiamo sprecare i soldi guadagnati duramente dai contribuenti per perseguire un caso per il quale è ovvio che l'EFCC non può ottenere una condanna alla luce della sua stessa lettera (Allegato D) e delle due lettere del Ministero federale dell'Energia (Allegati E e F)? Ci sono altre domande, ma dobbiamo risparmiare il tempo prezioso di Sua Eccellenza.

Alla luce di quanto sopra, con la presente chiediamo a Sua Eccellenza di prendere atto: (a) che le due cause pendenti contro l'On. Ndudi Elumelu e altre 8 persone presso l'Alta Corte di Gudu (Abuja) e l'Alta Corte Federale (Abuja) riguardanti i progetti di elettrificazione rurale assegnati dall'Agenzia per l'Elettrificazione Rurale (REA) come previsto dal Bilancio modificato dell'anno 2008, di cui tali progetti sono stati eseguiti da appaltatori e di cui hanno beneficiato le comunità che già usufruivano dei progetti, [sono] prive di merito e costituiscono uno spreco di fondi pubblici.

E pregano umilmente quanto segue:

(a) Che il Procuratore Generale della Federazione e il Ministro della Giustizia siano invitati a ritirare le accuse contro tutti gli imputati nei due casi citati presso l'Alta Corte di Gudu, Abuja (CHARGE NO: CR/39/2009 & CR/39A/2011) e l' Alta Corte Federale, Abuja CHARGE NO: FHC/ABJ/CR/87/2009) per motivi di interesse pubblico ai sensi dell'articolo 174 (1) (c) della Costituzione del 1999".

(http://nigershowbiz.com/failed-prosecution-of-ndudi-elumelu-how-president-goodluck-jonathan-sabotages-corruption-cases/)

APPENDICE B

Charles, (2006) ha citato l'e-mail della moglie del defunto generale Sani Abacha per chiedere assistenza, in cui si legge che;

"È con grande piacere che vi contatto. Sono la signora Mariam Abacha, vedova dell'ex presidente militare nigeriano morto misteriosamente di infarto nel 1998. Ho deciso di contattarvi per concordare condizioni di scambio favorevoli alla possibilità di trasferire alcuni suoni di famiglia in vostro possesso. Dalla morte di mio marito, alla nostra famiglia non è stato permesso di muoversi liberamente dall'attuale governo a causa dell'inimicizia che esisteva tra il Generale Abacha e l'attuale Presidente civile. Di conseguenza, i nostri conti bancari congiunti qui in Nigeria e all'estero sono stati congelati in modo molto scellerato. In totale, i conti congelati hanno fatto perdere alla nostra famiglia oltre 2 miliardi di dollari.

Tutte queste perdite sono dovute principalmente al fatto che abbiamo erroneamente gestito questi conti con i nomi della famiglia Abacha, il che ha reso possibile per le autorità individuare questi fondi.

Chiediamo il vostro aiuto urgente per trasferire i fondi sul vostro conto bancario privato o aziendale, in qualsiasi Paese ritenate che il denaro sia al sicuro. Vi prego di contattare il mio rappresentante personale, che provvederà al trasferimento dei fondi. Vi prego di trattare questa lettera come molto confidenziale, poiché nessun'altra persona è a conoscenza di questo denaro, tranne me, mio figlio Mohammed e voi stessi.

Che Dio vi benedica mentre ci aiutate in questo momento difficile.

Signora Mariam .S. Abacha".